MEISTERKLASSE publishinghouse

Hans Tomaschek
Thomas J. Nagy

COACHING
am Rande des
BURNOUT

Chancen, Möglichkeiten und Grenzen

www.meisterkl[illegible]

Coaching am Rande des Burnout

Herausgeber: Thomas J. Nagy

Autoren: Hans Tomaschek, Thomas J. Nagy

Projektkoordination: Judith Kainrath

Layout und Satz: WUnderl mediaDESIGN

Bilder: www.fotolia.com, Günther Pichlkostner, Martina Draper

Lektorat: Susanne Aschböck

Druck und Bindung: Manz Crossmedia GmbH&CoKG

Printet in Austria

ISBN: 978-3-9502164-5-5

Bitte besuchen Sie uns auch im Internet: www.meisterklasse.at

Liebe Leserinnen und Leser,

in diesem Buch erwarten Sie ein lebendiges Gespräch und ein vergnüglicher Spaziergang durch das Land systemischer Methoden.

Das Thema ist wichtig und ernst - der Umgang mit Burnout. Die frische, lebendige Form, in der wir es serviert bekommen, ist umso überraschender.

Ich bin froh, dass es dieses Buch gibt. Eigentlich hatte ich ja viel zu wenig Zeit und habe nur irgendwie zwischen zwei Terminen etwas Platz freigeschaufelt, als Thomas J. Nagy mich bat, das gemeinsame Buch mit Hans Tomaschek, der mir seit vielen Jahren sehr lieb geworden ist, anzusehen.

Aber natürlich wollte ich wissen, was aus den Plänen von Hans, vielleicht ein Buch zu schreiben, geworden ist – und das Thema interessierte mich. Denn immer mehr Freunde und KollegInnen erzählten mir, wie sie und Menschen in ihrer Umgebung anfingen, sich zum Beispiel auf sogenannten Burnoutskalen einzuschätzen. Und manche änderten sogar vieles in ihrem Leben.

Die Lektüre hatte es in sich. Ich habe das Buch auf einen Satz durchgelesen, einen Termin verlegt, um mir etwas aufschreiben zu können von den vielen Aspekten, die mich selbst angehen. Und zugleich fand ich, was ich las, unterhaltsam und präzise, aber auch eine echte Herausforderung, etwas für mich selbst zu ändern. Und natürlich wird das Auswirkung haben auf meine Arbeit mit anderen Menschen.

Ich hoffe, dass Sie, liebe Leserinnen und Leser, und ich selbst in einiger Zeit auf die Begegnung mit diesem Buch und seinen Autoren zurückblicken werden als einen guten Anlass zu vermehrter Achtsamkeit für dieses Thema und den Umgang mit den eigenen Ressourcen. Vielleicht wird es auch zu einem wunderbaren Impuls geworden sein, Leben und Lebendigkeit wieder mehr zu verbinden.

Ich wünsch' diesem Buch und Euch, lieber Hans, lieber Thomas, von Herzen viel Erfolg.

Matthias Varga von Kibéd

9. April 2008

Schreib' bitte kein trockenes Fachbuch

Wie so oft im Leben kommt ein Impuls für eine Sache wie dieses Buch nicht einmalig. Wiederholt wurde ich durch verschiedene Personen inspiriert, mich endlich auch als Autor zu präsentieren. Am lebendigsten habe ich noch eine lange Autofahrt mit Matthias Varga von Kibéd von München nach Laxenburg bei Wien in Erinnerung. Die Fahrt war begleitet von heftigem Schneetreiben, und wer Matthias kennt, weiß, dass er jede Situation gerne für einen Diskurs mit Menschen nutzt, so auch diesmal. Er erzählte mir auf der langen Reise durch chaotische Verkehrsverhältnisse, dass er unter anderem auch an einem neuen Buch arbeite, und ich bemerkte so beiläufig, dass es auch für mich an der Zeit wäre, mich an den Schreibtisch zu setzen und mit dem Schreiben zu beginnen.

„Tu das, Hans, denn du hast so viel in den drei Jahrzehnten deines beruflichen Schaffens mit Menschen erlebt. Ich freue mich heute schon auf dein erstes Buch." Ich wurde plötzlich unsicher: „Vielleicht sollte ich es doch lieber mit meinem guten Freund, Professor Uwe Grau, halten, mit dem ich Coaches nach dem Kieler Beratungsmodell ausgebildet habe. Der hat nach jeder abgeschlossenen Lehrveranstaltung sonor festgestellt: *Nein, ich schreibe lieber keine Bücher, ich bleibe lebendig bei den Menschen unterwegs.*"

„Ja", entgegnete Matthias in seiner warmherzigen Art, „das kann ich schon verstehen, aber beginn einfach und schicke mir deine ersten Seiten. Und wenn du gestattest, dann schreib bitte kein trockenes Fachbuch, sondern so, wie du bist in deiner Lebendigkeit, egal zu welchem Fachthema." „Danke Matthias", war meine Antwort in ambivalenter Stimmung, hatte er doch etwas bei mir angerührt, was heute offensichtlich Früchte getragen hat.

Einen weiteren Impuls zur Autorenschaft gab Michael White, australischer Vertreter der narrativen Therapie, bei einem gemeinsamen Heurigenbesuch in Guntramsdorf bei Wien auf meine Frage, wie er das mit dem Schreiben noch unterbringe in seinem Leben, zumal er in eigener Sache zum Weltreisenden geworden ist. Mit seinem liebevollen Lächeln erzählte er, dass Bücher bei ihm durchwegs nur in der Nacht entstehen, und auch er ermunterte mich: „Just do it!" Danach sangen wir den nächsten Countrysong als australisch-österreichische Koproduktion laut durchs Heurigenlokal - übrigens unter strenger Beobachtung meiner Frau Elfriede, die nicht so recht sehen konnte, wohin dieser professionalisierte Liederabend der beiden Coaches noch führen sollte.

Der nächste Impuls, wo ich um das Thema Burnout nicht mehr herum kam, war eine Veranstaltung eines großen Kongressorganisators, der mich als Gastvortragender zum Thema Burnout eingeladen hatte. Ich sehe diese Veranstaltung heute noch vor mir: Vor 40 Top-ManagerInnen aus dem Personalwesen stellte ich unter anderem den 12-stufigen Burnoutzyklus nach Freudenberger vor und beging dann den „Fehler", da die Stimmung unter den TeilnehmerInnen sehr lebendig angeregt und gut war, diese einzuladen, sich selbst auf der

Skala zu positionieren. Das Ergebnis war dann für mich und meine weitere Arbeit mit dem Thema Burnout sehr prägend, denn 40 Top-PersonalistInnen hatten sich damals offen dazu bekannt, sich zwischen 7 und 11 zu positionieren. Dies löste ein inneres Erdbeben in mir aus. Mir war im Vorfeld schon bewusst, dass Burnout ein Thema ist, das man nicht mehr übersehen darf. Doch stellte sich mir die große Frage, wie es erst den MitarbeiterInnen in Unternehmen mit dem Burnout ginge, wenn sich die Top-Personalverantwortlichen schon so ausgebrannt fühlen?

Es begannen in der Folge nicht nur ein heftiger Diskurs in mir über die Thematik und die Suche nach vielfältigsten Informationen dazu, sondern auch zahlreiche Gesprächen mit ExpertInnen verschiedenster Professionalitäten. Alle diese Recherchen führten dann zur Gründung des IBOS Institut für Burnout und Stressmanagement.

Als Ausbildungsleiter an der Europäischen Ausbildungsakademie wurde ich wiederholt von Führungskräften, die zu den Teilnehmern zählen, auf die Bedeutung von Burnout hingewiesen. Es entstand in mir der flammende Wunsch, ein Coachingmodell zu diesem Thema zu entwickeln. So hoffe ich, dass mit diesem Buch ein erster Schritt gelungen ist, eine praxisnahe Arbeits-, Motivations- und Informationsunterlage für alle Coaching-Profis am Markt sowie für UnternehmerInnen, Führungskräfte und MitarbeiterInnen in Profit- und Non-Profit-Bereichen zu veröffentlichen.

In dankbarerer Verbundenheit mit Matthias Varga von Kibéd, Michael White und Professor Uwe Grau möchte ich an dieser Stelle auch noch meiner Frau Elfriede und meinen beiden Söhnen Michael und Nino danken, die mich alle zur Autorenschaft ermutigt haben.

Zu guter Letzt möchte ich meinem Co-Autor, Thomas J. Nagy, und seinem Team herzlich für die kooperative Zusammenarbeit und die Konzeptidee danken, Fachwissen so zu vermitteln, dass es nicht trocken, sondern aus dem Leben eines Coaches vermittelt wird. Ich denke, diese Lebendigkeit werden Sie als LeserIn spüren.

Brennendes Interesse wünscht Ihnen

Hans Tomaschek

Vom Spagat ohne Leistenzerrung

Wie schreibt man mit einem Mann, der ganz klare Vorstellungen hat, wie ein Buch nicht sein darf, ein Buch über Burnout? Es darf nicht trocken sein, es sollte ebenso praxisnah wie unterhaltsam sein, die humorvolle Art meines Co-Autors sollte darin seinen Ausdruck finden – kurz – es darf nicht langweilen. Zudem müsse es gelingen, einen Spagat zwischen Coaching-Profis und Führungskräften sowie MitarbeiterInnen zu vollführen. Ein ehrgeiziges Unterfangen; kann das überhaupt glücken?

Im August 2007 verbrachte ich zwei Wochen auf der schönen griechischen Insel Lemnos, wo Hans Tomaschek sehr schöne Therapieräume am Hügel mit Blick über das Meer zum Berg Arthos hat. Im Gepäck hatte ich Skizzen, Notizen, Ideen und sehr viele verworfene Vorschläge für die Struktur dieses Buches. Dann geschah etwas sehr Merkwürdiges: ich träumte das ganze Buch. Wirklich, bis ins kleinste Detail. Als ich aufwachte dachte ich, dass das nicht möglich sei, und ging laufen. Doch am Weg zu einer idyllischen Bucht, wo ich schwimmen wollte, fiel mir Seite für Seite wieder ein. Was war geschehen? Ich hatte mir überlegt, die Geschichte nicht zu konstruieren, sondern authentisch wiederzugeben. Mich selbst so zu präsentieren wie ich bin – ein Coach, der allmählich mit Hans Tomascheks Unterstützung zum Burnout-Experten wird – und auch Hans in seiner unverwechselbaren Art wiederzugeben. Somit entstand ein „Entwicklungsroman“, der erzählt, wie ich als Coach plötzlich mit dem Thema Burnout konfrontiert wurde. Ich ließ es einfach zu, einen Anfang zu schreiben und danach Schritt für Schritt wiederzugeben, wie sich die Geschichte entwickelte, ohne das genaue Ziel zu kennen.

Es gibt zahlreiche Bücher über Coaching und zunehmend mehr über Burnout. Viele sind trocken, theoretisch und unglaublich langweilig, weil so sehr bemüht, „klug“ rüber zu kommen. Hans Tomaschek und ich wollten keines dieser „gescheiten“ Bücher schreiben, sondern eines, das man als ExpertIn und auch als EinsteigerIn in die Burnout-Thematik gleichermaßen gerne liest, weil es sich leicht, aber fundiert, unterhaltsam, aber auch mit konkretem Fachwissen, sympathisch und kompetent präsentiert. Ob dieser Spagat gelungen ist oder zu einer Leistenzerrung führt, müssen Sie als LeserIn beurteilen. Wir wollen Sie ein Stück des Weges begleiten und Ihnen die weitere Fachausbildung zum Coaching am Rande des Burnout herzlich empfehlen.

Burnout ist ein großes und verantwortungsvolles Coaching-Thema, doch kann man mit professioneller Einstellung, gesunder Selbsteinschätzung, dem nötigen fachlichen Rüstzeug sowie Demut, Respekt und Wertschätzung vor den Betroffenen sowohl im Burnout selbst, bei der Rückführung in den normalen Alltag, aber vor allem auch bei der Prophylaxe, wertvolle Dienste leisten.

So werden Sie es schaffen!

Thomas J. Nagy

Leser- und Rezensientenmeinungen

Der Standard (vom Mai 2008):

Anspruchsvoll, aber gut und lustvoll geschrieben, lehrend und anleitend, aber so, dass man es nehmen kann: Das Buch richtet sich an Fachleute, an Coaches, die mit Burnout konfrontiert werden, es soll Psychotherapeuten und Medizinern die Schnittstelle zu den Coaches in ihrer Arbeit zeigen. Gleichzeitig gibt es aber „Laien" Einblicke in das Arbeiten mit Burnout-Opfern, hilft auf fachlichem Niveau auch den Betroffenen selbst zu reflektieren.

„Wartung für die menschliche Psyche", wie Co-Autor Thomas Nagy sagt – als solches ist dieses Büchlein zu empfehlen. Als Reflexions-Werkzeug und als Prophylaxe: Zentrale Sätze dazu etwa im Kapitel XI – nicht das Ich-Ideal sollte uns antreiben, sondern unser Real-Ich. Über die eigene innere Landkarte und ihre Kompatibilität zu dem, was wir uns Ideal-getrieben zumuten, nachzudenken zahlt sich aus, das wird in diesem Buch deutlich.

Dass wir uns um uns selbst kümmern müssen, um nicht auszubrennen, dass wir wissen sollten, wofür wir brennen – das ist nicht neu, aber in diesem Buch wird nachvollziehbar, wie die innere Auseinandersetzung zu diesen Fragen Tritt finden kann. Grenzen akzeptieren gehört auch dazu. „Coaching am Rande des Burnout" kann deshalb auch Nichtcoaches helfen. (red)

Wirtschaftsblatt (vom 01.05.2008):

Die beiden Coaches Johann Tomaschek und Thomas Nagy nehmen sich eines heiklen Themas an: Coaching mit und für Personen, die an Burnout leiden. Der lockere Ton des Buches mag zunächst erstaunen, doch die Autoren zeigen mit viel Einfühlungsvermögen Chancen und Wege auf, wie mit Burnout-Opfern gearbeitet werden kann.

Psychologie in Österreich (Ausgabe 1/2009):

Es handelt sich um ein kleines und handliches Buch im Taschenbuchformat, welches gut für unterwegs geeignet ist. Inhaltlich ist es auch so aufgebaut und vom Schreibstil her sehr „unterhaltsam" geschrieben, dass es, nicht wie andere Fachbücher, gut auch außerhalb der Arbeit/Praxis gelesen werden kann.

Nagy beschreibt, wie er als Coach mit Burnout Klienten zu arbeiten und sich damit auseinanderzusetzen begonnen hat, ob Menschen mit Burnout für Coaching geeignet sind, bzw. auch, wie die Symptomatik und Diagnose von Burnout konkret aussieht. Anhand von drei anonymisierten Klientengeschichten beschreibt er Symptome, Interventionen und Verlauf. Im Laufe dessen wendet er sich auch an den Burnout Experten Tomaschek, der ihm in informellen Treffen sein wertvolles Wissen zur Verfügung stellt. In diesen Inhalt, der als roter

Faden durch das Buch dient, eingebaut sind viele Definitionen rund um dieses Thema. Quellenangaben und weitere sehr hilfreich und übersichtlich gestaltete Informationen. Durch diese Gestaltung wird das Buch auch auf lange Sicht gut als schnelles Referenzbuch dienen können. Das Verwenden einer zusätzlichen Farbe (orange) durch das ganze Buch hindurch trägt sehr zum vorhandenen Aufforderungscharakter bei.

Sabine Edlinger-Starr

www.coaching-literatur.de

Dieses Buch möchte ein „Entwicklungsroman" sein, kein trockenes Fachbuch. Und in der Tat vermisst der wissbegierige Leser in diesem Buch all das, was ein trockenes - „richtiges" - Fachbuch ausmacht: Ein Literatur-, vielleicht auch ein Personenverzeichnis beispielsweise, Fußnoten und statistische Tabellen sowie eine Sprache, die eher distanziert ist, referiert, Quellen und Lehrmeinungen diskutiert. Und doch ist dieses Buch mitnichten mit diesen dünnen „Tütensuppen" der Ratgeber-Literatur zu vergleichen - es strotzt hingegen nur so vor Impact. Ob es auch ein guter Roman ist? Nun, der Rezensent erinnert sich - neben all der Fachliteratur - durchaus packende Romane gelesen zu haben. Mit diesen kann dieses Büchlein schwer mithalten. Und doch zeigt es - durchaus spannend und manchmal auch kurzweilig unterhaltend - eine Entwicklung, eine Geschichte auf: Es ist die eines Coachs, der plötzlich mit einem Klienten konfrontiert wird, der am Burnout-Syndrom leidet. Da fragt sich der Coach - zurecht, ob er da helfen kann, soll, wenn ja, wie, wo die Grenzen seiner Kunst liegen. Mit diesen Zweifeln wird der Leser konfrontiert, stutzt, reibt sich vielleicht die Augen, weil er vielleicht „Rezepte" erwartet hatte, und gerät unversehens hinein in diesen Roman, indem er sich selbst jene Fragen stellt und sich mit der Sache beschäftigt, auseinandersetzt - und auf eine Lernreise mitgenommen wird.

Thomas Webers

I.

„Eigentlich will ich gar nicht wissen, was ich tun, was ich verändern könnte, ich will nur meine Ruhe haben. Schlafen. Endlich schlafen, schlafen, schlafen."

Mir gegenüber sitzt ein noch junger Mann, Mitte Dreißig höchstens, als Key Account Manager einer Mobilfunkgesellschaft am Gipfel seines beruflichen Erfolges. Makellos sitzender grauer Anzug, Maßhemd mit Monogramm, passende Seidenkrawatte und Schuhwerk aus feinstem Rindsleder über ebenso feingewebten Zwirnstrümpfen. Der perfekte Haarschnitt, die teure Markenuhr, goldene Manschettenknöpfe und der breite Ehering runden das Bild des erfolgsgewöhnten Jungmanagers ab – der hat es geschafft!

Wie sehr jedoch sein äußeres Erscheinungsbild im Widerspruch mit seinem Innenleben steht, zeigt sich schon im Gesprächsverlauf der ersten halben Stunde. Eingesunken sitzt er mir gegenüber mit hängenden Schultern, bleicher Haut, Ringe unter den glanzlosen Augen. Seine ganze Haltung strahlt Niedergeschlagenheit, Resignation, Kraftlosigkeit aus. Erschöpft und ausgebrannt zeigt er alle Anzeichen eines klassischen Burnout-Syndroms.

Aus eigenem Antrieb wäre er nicht zu mir gekommen, er sei nur auf Empfehlung des Betriebsarztes, eines Coaching-Kunden von mir, hier, teilt er mir gleich zu Beginn unserer Sitzung mit. Anliegen habe er keines, er berufe sich rein auf den Rat des Arztes, im Coaching mit mir Hilfe zu suchen.

Wobei helfen?

Dass alles vorbei sei, nur vorbei ...

„Wirklich alles?"

„Nein, nur die unerträglichen Zustände, die jetzt mein Leben beherrschen."

„Und wodurch ließe sich dieses „Unerträgliche" aus der Welt schaffen?" frage ich konjunktivistisch.

Konjunktivistische Fragen

Anders als der Indikativ (Wirklichkeitsform) oder der Vokativ (Ausrufungsform) definiert der Konjunktiv (Möglichkeitsform) keine Tatsachen, sondern öffnet die Tür zu Gedankenspielen, neuen Perspektiven, Angeboten, die auch abgelehnt werden können. Außerdem regt die Frageform zur Interaktion, zur Auseinandersetzung mit einem bestimmten Thema – bewusst oder unbewusst – an.

Systemisch-kostruktivistisches Coaching

Ausgangspunkte sind die „Systemtheorie" von Niklas Luhmann und der „Radikale Konstruktivismus" (Heinz von Förster, Humberto R. Maturana und Ernst von Glasersfeld): Individuen und Soziale Systeme werden als autonome, sich selbst organisierende Systeme aufgefasst, die ihre jeweiligen „Wirklichkeiten" konstruieren.

Leitlinien des Coaching

- kooperieren
- reflektieren
- öffentlich machen
- respektieren

Stufen der individuellen Wirklichkeit

„In dieser Konstruktion der Wirklichkeit gibt es viele kleine Stufen und Nuancen, und durchwegs spielt die Möglichkeit des Koordinierens und Wiederholens eine ausschlaggebende Rolle. Doch was da aufgebaut wird, ist offensichtlich nie mehr als die Ergebniswelt des einzelnen Subjekts."

Ernst von Glasersfeld: Konstruktion der Wirklichkeit und des Begriffs der Objektivität (Einführung in den Konstruktivismus)

Im weiteren Gesprächsverlauf habe ich meinen Coaching-Werkzeugkasten aufgemacht und die verschiedensten Methoden und Techniken ausgepackt, um mein Gegenüber zum lösungsorientierten Arbeiten zu ermuntern.

Als systemisch-konstruktivistischer Coach verstehe ich, meine KundInnen durch eine etwas andere Gesprächsführung zu neuen Perspektiven, Haltungen und Einstellungen zu begleiten. Voraussetzungen dafür sind Respekt, Wertschätzung und die Gewissheit, dass KundInnen über die für die Problemlösung notwendigen Ressourcen verfügen, ebenso wie die Überzeugung, dass jeder Mensch sein individuelles Bild der Wirklichkeit konstruiert. In einer Fortbildungsveranstaltung hat mir eine Kollegin ihren Leitspruch verraten: „Du hast auch Recht." Gefällt mir gut, diese Einstellung.

Ich habe Harald, so darf ich mein Gegenüber ansprechen, die verschiedensten Fragen gestellt, z.B.

„Haben Sie eine Vorstellung, wodurch Sie in die derzeitige Situation gekommen sind?"

„Wann hat Ihnen die Arbeit das letzte Mal so richtig Spaß gemacht?"

„Gibt es Situationen, in denen Ihnen die Arbeit noch immer Freude bereitet?"

„Was müssten Sie tun, damit es Ihnen noch schlechter geht?"

„Wenn Sie sich in Ihrem Job wie ein Hamster im Laufrad vorkommen, würde es mich interessieren, wer hinter Ihnen den Käfig geschlossen hat."

Keine der üblichen Fragetypen hat zu einer konstruktiven Auseinandersetzung geführt, sogar die Wunderfrage hat er achselzuckend abgeschmettert: „Wenn Sie morgen aufwachen und alles wäre anders – was wäre über Nacht für ein Wunder geschehen?"

„Keine Ahnung ... mir egal ... weiß nicht ... keine Idee ... hab nicht darüber nachgedacht ... will überhaupt nicht mehr denken ... will nur meine Ruhe haben."

Harald ist nicht unsympathisch, doch sehr schwer zugänglich, was eine große Herausforderung darstellt, mit bequemem Zurücklehnen ist da nichts zu machen. Obwohl ich nicht den Eindruck habe, dass er sich vorsätzlich sperrt, sich dem Gespräch nur auf Anweisung seines Arztes stellt, mache ich sicherheitshalber mein Bedenken öffentlich und spreche meine Vermutung direkt an.

„Nein, es ist schon gut, dass ich reden kann. Auch wenn ich nicht weiß worüber."

Ich zeige auf seine Hand und sage ihm, dass mir sein Ring gut gefällt. „Seit wann sind Sie verheiratet?"

Zum ersten Mal schaut er mich an, und ich habe das Gefühl, dass sein Blick plötzlich anders geworden sei.

Fragetypen

Problemzentrierte vs. lösungsorientierte Fragen

Direkte vs. zirkuläre Fragen

- Erklärungen des Kunden zum befragenden Phänomen
- Verschiebung der Zeitperspektive des Kunden in die Zukunft
- Verschiebung der Zeitperspektive des Kunden in die Vergangenheit
- Hinterfragen von Veränderung
- Hypothesen über „was wäre, wenn"
- Vergleichende Fragen zur Verdeutlichung oder Einführung von Unterschieden
- Fragen mit Metaphern (bildliche Vergleiche)
- Fragen, die Phänomene operationalisieren (messbar machen) und dadurch greifbar machen
- Fragen nach Ausnahmen, die den Fokus auf störungsfreie bzw. erwünschte Zeiten lenken
- Fragen, die einen Perspektivenwechsel ermöglichen (räumlich, zeitlich, im sozialen System)
- Fragen, die Widersprüche, Absurditäten und Unlogiken einführen
- Fragen zur Verschlimmerung von Problemen
- Wunderfragen

„Seit dreieinhalb Jahren."

„Haben Sie auch Kinder?"

„Ja, einen Buben. Markus. Drei war er im Mai."

Zeit für Wertschätzung: „Er macht Ihnen bestimmt viel Freude."

Jetzt lächelt er, die Familie ist nicht so trostlos wie sein Arbeitsplatz. „Klar, aber Zeit habe ich für den Kleinen zu wenig." Der Gedanke an die Arbeit lässt das kurze Aufleuchten seiner Augen wieder erlöschen.

Wertschätzung

Respekt und Wertschätzung kommen dadurch zum Ausdruck, dass Komplimente, Cheerleading und Anerkennung angemessen weitergegeben werden, wodurch Kunden gehoben und deren Ressourcen gestärkt werden.

Perspektivenwechsel

Coaching schafft Unterschiede, z.B. eine Veränderung des Blickwinkels (räumlich, zeitlich, im sozialen System). Eine Möglichkeit sind zirkuläre Fragen – eine Situation aus der Sicht einer anderen Person schildern lassen.

„Was würde denn Ihre Frau sagen, wenn ich sie fragen würde, wie es Ihnen mit der Arbeit geht?" Vielleicht kann ein Perspektivenwechsel Schwung in das Gespräch bringen?

„Meine Frau? ..." Harald ist überrascht, „Meine Frau würde sich darüber beklagen, dass ich mich von dieser Scheiß-Situation in meinem Job auffressen lasse. Darunter leidet Markus, aber auch sie. Unsere ganze Beziehung leidet unter der blöden Situation in der Firma."

Jetzt kann weitergearbeitet werden. Ich frage, wie es wäre, wenn der Job nicht so aufzehrend wäre, wenn er mehr Zeit für seine Familie hätte und was er dazu tun könnte, die dargestellte Situation zu entspannen. Da fällt Harald wieder resignierend in sich zusammen. Die konstruktiven fünf Minuten scheinen ihn sehr angestrengt zu haben.

„Was erwarten Sie, dass am Ende der Stunde anders ist?", frage ich.

„Ich weiß nicht ..." – damit habe ich schon fast gerechnet – „ vielleicht ..." – („Ja?" denke ich) – „... vielleicht können Sie mir einen Weg zeigen, wie ich irgendwie aus diesem Teufelskreis raus komme."

„Wie könnte ich das tun, damit Sie auch mit dem Ergebnis zufrieden sind?"

„Sie haben vielleicht Erfahrungen mit solchen Sachen."

„Könnten Sie mir bitte beschreiben, was „solche Sachen" sind?"

„Na ja, Erfahrung mit so frustrierten Typen wie ich einer bin."

„Frustrierte Typen – hm – habe ich schon einige getroffen, aber vielleicht nicht so massiv betroffene?"

Harald blickt hoch. „So schlimm ist es bereits bei mir?"

„Ich weiß nicht, wie schlimm Sie Ihren Zustand beurteilen? Wie würden Sie ihn denn auf einer zehnstufigen Skala beschreiben, wenn 1 ganz unten und 10 sehr gut ist?"

Harald steigt auf die Skalierungsfrage ein und antwortet, dass er sich zwischen 2 und 3 erlebte.

„Und wenn Sie sich zurück erinnern, als Sie noch Freude mit Ihrem Job hatten, wo waren Sie damals auf der Skala?"

„Am Anfang, nach der Einschulung, als ich zum ersten Mal das Gefühl hatte, dass ich was kann, dass ich dem Job gewachsen bin, da war ich sicherlich bei 8. Wenn ein neuer Kunde gewonnen wurde, waren es sogar die vollen 10 Punkte."

Skalierungsfragen

Damit wird eine Messdimension für Veränderungen eingeführt, wodurch auch Vergleiche zu früher, heute und in Zukunft vorgenommen werden können.

„Das muss ein tolles Gefühl gewesen sein."

Harald blickt in Gedanken zurück, nickt mit dem Kopf und lächelt wieder. „Ja, das war verdammt gut."

„Wollen Sie dort wieder hin?"

„Nein!"

„Warum denn nicht? Hat es Ihnen dort nicht gefallen?"

„Das war der Beginn aller Probleme: der Erfolg. Am Anfang ist alles ganz leicht gegangen, eine Zielvorgabe nach der anderen habe ich erfüllt und meistens sogar noch übertroffen. Doch dann hat mich der Erfolg aufgefressen.“

Kritische Selbstreflexion

Erfolg ohne kritische Selbstreflexion könnte die erste Stufe eines Misserfolges sein.

„Wie kann ich mir einen auffressenden Erfolg vorstellen?“

„Wie ein nimmersattes Tier, wie ein Wolf, ein Tiger, ein Löwe, ein Vielfraß. Immer mehr, immer schneller, immer druckvoller. Das hält kein Mensch aus. Oder? Das kann doch niemand aushalten!“

Harald blickt mich verzweifelt an. Noch ein Mal frage ich ihn, wie es den sein sollte, wenn es wäre, wie er es sich wünschte. Und wieder der Abbruch: „Keine Ahnung. Aber sicher nicht mehr so, wie es jetzt ist, das bringt mich noch um, das halte ich nicht länger aus.“

Was ist bloß mit Harald los?

An dieser Stelle fällt mir der Goldberg-Test ein, mit dem von Psychologen Anzeichen einer Depression festgestellt werden können.

Goldberg-Test

- Ich bin langsam im Verrichten von Dingen
- Meine Zukunft scheint hoffnungslos
- Ich habe das Interesse an Dingen verloren, die mir früher etwas bedeutet haben
- Ich fühle mich müde
- Ich fühle mich in der Falle oder gefangen
- Ich fühle mich niedergeschlagen, auch wenn mir etwas Gutes widerfährt
- usw.

Auf all diese Fragen habe ich von Harald weniger oder mehr Zustimmung erhalten, und dennoch bin ich mir fast sicher, dass wahrscheinlich keine klassische Depression vorliegt. Er differenziert zwischen Privat- und Berufsleben, kann seine Situation halbwegs klar einschätzen und bewerten und macht auf mich auch nicht den Eindruck eines Menschen, der mit seinem Leben abgeschlossen hat. Das wäre auch eigenartig, außerdem ist er ein junger Mann, ein stolzer Vater, der noch vor kurzem voll Energie dem Erfolg nachgejagt ist. Da muss etwas Anderes dahinter stecken. Ausgebrannt wirkt er und leer, wie jemand, dessen „Treibstoff“ zur Neige geht, der antriebslos im Berufsleben steht, wenn er keine professionelle Hilfe erhält.

Ich denke auch an einen, der in der Formel 1 – und die Mobilfunkbranche scheint mir eine solche Hochleistungsbranche zu sein – zu lange zu fest am Gas gestanden ist und sich jetzt in die Box zu retten versucht, doch derzeit scheint der Boxenstopp nicht wirklich zu gelingen.

Depression

Bei den typischen leichten, mittelgradigen oder schweren Episoden, leidet der betroffene Patient unter einer gedrückten Stimmung und einer Verminderung von Antrieb und Aktivität. Die Fähigkeit zu Freude, das Interesse und die Konzentration sind vermindert. Ausgeprägte Müdigkeit kann nach jeder kleinsten Anstrengung auftreten. (ICD-10)

Ausgebrannt sein – Burnout ...? Man hört und liest jetzt viel darüber. Krankheitsbild oder Zeiterscheinung? Ich weiß es nicht, denn zum einen habe ich mich selbst noch nicht in dieser Weise ausgebrannt gefühlt, zum anderen frage ich mich gerade: Was weiß ich eigentlich über Burnout? Ich bin viel zu oberflächlich über die dazugehörigen Symptome informiert, weiß nur, dass Stress am Arbeitsplatz dazu führen kann und die gesundheitsschädigenden Folgen enorm sein können.

Burnout, scheint es, kann jede/n treffen – vor allem aber beruflich engagierte und leistungsfähige Menschen. Gerade leistungs- und verkaufsorientierte Branchen, zu denen die Telekommunikationsbranche zweifellos gehört, scheinen besonders gefährdet zu sein. Nicht selten leiden ganze Teams unter den Symptomen.

Harald scheint mir ein solches Burnout-Opfer zu sein. Dem Erfolg nachlaufen bis zum Zusammenbruch. Hat er einen Zusammenbruch? Ich weiß nur, dass der Burnout-Zyklus nach Freudenberger 12 Stadien aufweist, doch habe ich bislang zu wenig Erfahrung, um zweifelsfrei erkennen zu können, auf welcher Stufe Harald sich befindet. Außerdem weiß ich nicht, ob ich als Coach mit einem Burnout-Patienten – und als solchen würde ich ihn bezeichnen, wenn Burnout eine Krankheit wäre – arbeiten kann. Dabei handelt es sich eher um eine Haltungs-, aber auch um eine rechtliche Frage.

Burnout I

Zustand des emotionalen, geistigen und körperlichen „Ausbrennens“ durch ständige Überanstrengung und Überforderung der eigenen Kräfte.

In Gedanken gehe ich den Sachverhalt durch: Traue ich mir zu, mit Harald weiter zusammenzuarbeiten?

12 Stadien des Burnout

1. Der Zwang, sich zu beweisen
2. Verstärkter Einsatz
3. Subtile Vernachlässigung eigener Bedürfnisse
4. Verdrängen von Konflikten und Bedürfnissen
5. Umdeuten von Werten
6. Verstärkte Verleugnung der aufgetretenen Probleme
7. Rückzug
8. Beobachtbare Verhaltensänderung
9. Depersonalisation, Verlust des Gefühls für die eigene Persönlichkeit
10. Innere Leere
11. Depression
12. Völlige Burnout - Erschöpfung

✓ Sein Problembereich ist eindeutig im beruflichen Kontext zu finden.

✓ Harald scheint mir trotz seiner Niedergeschlagenheit arbeitsfähig und positiv motivierbar zu sein.

✓ Er wirkt auf mich eigenverantwortlich und wie jemand mit reichlich Ressourcen.

Ja, ich traue mir zu, diese zweifellos große Herausforderung anzunehmen. Doch dazu benötige ich fachliche Unterstützung.

„Ich würde Sie sehr gern weiter begleiten, doch möchte ich dazu einen Experten beiziehen, der nicht nur fachlich kompetent ist, sondern auch mein volles Vertrauen besitzt. Wäre Ihnen das recht?"

Harald sieht mich fragend an. Offenbar haben ihn meine Worte erschreckt. „Was fehlt mir denn?" fragt er besorgt.

„Ich vermute, dass Sie durch beruflichen Druck unter so genanntem Burnout leiden. Haben Sie davon schon mal etwas gehört?"

„Klar, bei uns laufen lauter Burnout-Typen herum. Lebende Zombies. So einer bin ich also auch schon geworden. Na fein, da habe ich mir ja was Feines eingetreten." Wenigstens sein Humor scheint noch zu funktionieren.

Ich erkläre ihm, dass ich ihn als Coach begleiten könne, der sich um den Gesprächsverlauf und den Dialog kümmere, Wirklichkeiten ko-konstruieren helfe, Anliegen, Ziele und Aufträge des Klienten abhole und durch den Einsatz professioneller Werkzeuge und Methoden Rahmenbedingungen für eine Probebühne schaffe, auf der Lösungsansätze durchgespielt und Wirkungen abgeschätzt werden könnten. Beim beizuziehenden Experten handle es sich um Hans Tomaschek, Psychotherapeut und vor allem Gründer des IBOS Institut für Burnout und Stressmanagement. „Er kennt die Thematik von unternehmerischer und therapeutischer Sicht aus, und ich sage Ihnen, er schafft es, dank seiner Begeisterungsfähigkeit, selbst Lahme zum Gehen zu bringen."

Berufsbild: Coach

Ein Coach ist Gesprächsbegleiter - kein Mediziner und auch weder Psychotherapeut noch Psychiater -, der durch verschiedene Interventionstechniken andere, unterschiedliche, anregende Wirklichkeiten ko-konstruiert und so den Kunden bei der Lösungsfindung positiv unterstützt. Coaches machen keine Diagnosen, sondern sie begleiten den Kunden auf dem Weg zu seinen Lösungen. Sie können jedoch Vermutungen anstellen und sich dabei an diagnostischen Hilfestellungen orientieren.

„Ob er sich bei mir nicht selbst die Haxen verstaucht?" wirft Harald augenzwinkernd ein, doch er stimmt zu, und wir vereinbaren ein Folgetreffen in der kommenden Woche. Bis dahin muss ich Hans Tomaschek von seinem nahenden Glück überzeugen und möglichst viel über Burnout in Erfahrung bringen. Außerdem empfehle ich Harald, mit dem Betriebsarzt zu sprechen. Vielleicht kann ihm dieser einen für unser Vorhaben notwendigen vorübergehenden Freiraum verschaffen.

Mag. Johann Tomaschek

Jahrgang 1947. Vorstand der origo GmbH, Gesellschafter der M.O.C GmbH, Gründer des IBOS Institut für Burnout und Stressmanagement. Unternehmensberater, Jurist, Mediator, Coach, Trainer, Gruppenanalytiker, Supervisor, Psychotherapeut. Gründer der Netzwerkbetriebe SALVIA und M.O.C sowie des ACC - Österreichischer Dachverband für Coaching. Ausbildungsleiter der Europäischen Ausbildungsakademie in Österreich und Deutschland.

II.

„Thomas, natürlich kannst du als Coach mit einem Burnout-Patienten zusammenarbeiten“, beruhigt mich Hans Tomaschek gleich zu Beginn unseres Treffens in einem Wiener Kaffeehaus, „denn es geht doch darum, diesen ausgebrannten Menschen bei der Reintegration zu begleiten. Und das ist ureigendstes Coaching-Kompetenzfeld.“

Thomas J. Nagy, MSc

Jahrgang 1963. Studierte ursprünglich Werbung (Wirtschaftsuniversität Wien) und war zwanzig Jahre als Marketing- und Kommunikationsberater tätig, bevor er nach einschlägigem Studium Systemisch-konstruktivistischer Coach und in der Folge NLP-Master wurde.

Als Leiter des TrauerWeile Trauerinformations- und Beratungszentrums begleitet er Hinterbliebene vom Abschied zum Neubeginn und am WIFI Wien leitet er den Lehrgang „Coaching am Rande des Burnout“.

„Komme ich da nicht der Psychotherapie in die Quere?“

„Hoffentlich schon, denn neben den beruflichen Aspekten gibt es mit Sicherheit das eine oder andere Betätigungsfeld, das einen tieferen Blick in das Vergangene oder in die Seele verdienen würde.“

Hans Tomaschek ist eine beeindruckende Erscheinung, groß gewachsen, mittlerweile weißhaarig, kurzer Bart, dessen polternde Art vielleicht nicht jedermanns Geschmack ist. Ich mag seine direkte Art, seine unerschrockene Annäherung an jedes Thema, seine klaren Worte, aber auch seine väterliche Fürsorge und seine Wertschätzung. Schon so manches hat er mir offen ins Gesicht gesagt, ohne mich je zu verletzen.

„Ich frage mich immer wieder, wieso sich Coaches davor fürchten, wenn ein Psychotherapeut ins Spiel kommt“, gibt sich Hans erstaunt, „das ist doch kein Entweder-Oder, sondern ein Sowohl-als-Auch. Für beide bleibt ein genügend großes Betätigungsfeld, und der Kunde profitiert davon. Also, nicht fürchten, sondern froh sein, dass sich ein anderer um das kümmert, was dir vielleicht die Arbeit erschweren könnte.“

Na gut, denke ich und beschreibe Hans die von mir wahrgenommenen Anzeichen eines Burnouts: Antriebslosigkeit, Zurückziehen, Vernachlässigung der eigenen Bedürfnisse ...

„So aus der Distanz beurteilt, scheint es sich dabei um ausgeprägte Burnout-Symptome zu handeln. Das klingt nach einem Mann, der sich selbst jahrelang vernachlässigt hat; Opfer seines Ehrgeizes und unmenschlicher Rahmenbedingungen am Arbeitsplatz."

„Was meinst du damit?"

„Nun, Unternehmer sein bedeutet auch, etwas mit Menschen – mit Mitarbeitern – zu unternehmen, sie sozial zu führen. Die Wirtschaft ist für den Menschen da und nicht umgekehrt."

„Das sehen aber viele Manager anders."

„Das weiß ich, doch genau deshalb sind wir auch da angelangt, wo wir heute sind, exklusiv bei der Gewinnmaximierung. Doch darf man dabei nicht vergessen, dass Unternehmer, die laufend nur dem Gewinn nachrennen, diesen erstens nur sehr schwer erreichen und sich zweitens die Stolpersteine selbst in den Weg legen."

„Da möchte ich keine Führungskraft sein."

„Es kommt immer darauf an, wie Führungskraft definiert wird. Mir gefällt das Wort „Kraft" in diesem Zusammenhang nicht, weil das nach unglaublicher Anstrengung klingt. Da ist „Leadership" schon passender, weil es doch darum geht, die Zukunft gemeinsam mit anderen nachhaltig zu gestalten. Das erfordert Teamgeist. Wenn der passt, dann ist der Gewinn fast ein Abfallprodukt."

Psychotherapie

(griechisch ψυχοθεραπεία, psychotherapía – Pflegen der Seele)

Behandlung psychischer, emotionaler und psychosomatischer Krankheiten, Leidenszustände oder Verhaltensstörungen durch psychologisch fundierte Methoden durch unterschiedliche Formen verbaler und/oder nonverbaler Kommunikation.

„Zufriedene, motivierte Mitarbeiter sind somit der Schlüssel zum Erfolg."

„Motivierte ja, aber keine ausgebrannten. Darauf muss Bedacht genommen werden."

„Bei meinem Kunden scheint sich wohl niemand darum gekümmert zu haben. Die Kluft zwischen Image in der Werbung und der Realität ist offensichtlich. Wie schlimm schätzt du sein Burnout ein?"

„Kennst du den Burnout-Zyklus von Freudenberger? Da scheint mir dein Harald mehr als mitten drin zu sein. Ich würde – wiederum aus der Distanz gesprochen – auf die Stufe 6 bis 7 tippen: Verleugnung der auftretenden Probleme bis hin zum Rückzug aus der Umwelt. Also schlimm genug."

„Und da kann man mit Coaching etwas tun?"

„Nicht mehr ausschließlich. Hier bedarf es auch eines Psychotherapeuten. Und wenn nicht gegengesteuert wird, benötigt er in der Folge zusätzlich fachärztliche Hilfe."

„Bis zu welchen Stufen kann ich als Coach eigentlich mitarbeiten?"

„Grundsätzlich begleitend in allen, doch muss dir klar sein, dass du auf manchen Stufen nicht mehr allein arbeiten kannst und auch nicht mehr sollst. Und bei der stationären Behandlung hast du überhaupt nichts verloren!"

„Könntest du dazu bitte eine detaillierte Abgrenzung vornehmen?"

Herbert Freudenberger
(1927 – 1999). Deutsch-amerikanischer Psychoanalytiker, der 1974 den Begriff „Burnout-Syndrom" erstmals verwendet hat.

„Grob gesprochen würde ich sagen, dass die ersten vier Stufen des Burnout-Zyklus problemlos von einem Coach begleitet werden können. Ab der fünften Stufe, wenn Werte umgedeutet werden, sollte Hilfe hinzu gezogen werden. Wenn es um den beruflichen Kontext geht, kannst du auch auf den anderen, höheren Stufen mitarbeiten, allerdings nicht mehr allein. Überhaupt würde ich dir empfehlen, dich mit den Burnout-Symptomen intensiver auseinanderzusetzen, damit du in der Beurteilung sicherer wirst, deine Burnout-Kunden genauer einschätzen kannst und mehr Feldkompetenz für diesen Bereich erhältst. "

Die kommenden Tage werde ich mich mit der einschlägigen Fachliteratur, aber auch mit einer Niederschrift von Hans Tomaschek beschäftigen, doch heute möchte ich von ihm noch wissen: „Wozu kann Coaching bei Burnout-Fällen hilfreich sein?“

„Das ist relativ einfach:
- vorbeugend, damit ein Zusammenbruch erst gar nicht eintritt
- in Krisenzeiten neben der Psychotherapie begleitend und vor allem
- bei der beruflichen Rückführung nach Krisen – aus dem geschützten Behandlungsraum zurück in den beruflichen Alltag.“

„Sag, handelt es sich bei Burnout wirklich um eine Krankheit oder nur um eine „Modeerscheinung“?“

„Bei den schon vorher genannten zeitbedingten Erscheinungen unserer modernen Arbeitswelt, die Burnout auslösen, handelt es sich für mich sogar um eine Art „zeitgeistige Droge“, der bereits jeder Fünfte bis Dritte bereits zum Opfer gefallen ist. Daher verbreitet sich Burnout wie ein Virus, wobei die Besten zuerst dran glauben.“

„Jetzt scherzt du aber.“

„Sicher nicht. Wer bricht denn zusammen, weil er sich beruflich übernimmt? Doch nicht der schlaue Minimalist, der geschickt durchs Berufsleben laviert, sondern die engagierten, ehrgeizigen, hoch motivierten MitarbeiterInnen sind es, die sich ausgebrannt fühlen.“

„Aber ist Burnout nicht auch so eine Modeerscheinung wie es einmal Stress gewesen ist. Früher haben die Leute geantwortet, wenn man sie nach ihrem Befinden gefragt hat, es gehe ihnen schlecht, weil sie gestresst sind. Heute sagen sie halt Burnout dazu. Außerdem kenne ich einige „Tachinierer“, die, angesprochen auf ihr zurückhaltendes berufliches Engagement, ungeniert Burnout vorschützen.“

Stress

Zum einen Bezeichnung für die durch äußere Reize hervorgerufenen psychischen und physiologischen Reaktionen, die zur Bewältigung besonderer Anforderungen befähigen. Zum anderen wird die auftretende körperliche und geistige Belastung als Stress bezeichnet. 1936 hat der gebürtige Österreicher Hans Selye diesen Begriff der Physik entlehnt, um die unspezifischen Reaktionen eines Körpers auf jegliche Anforderungen zu benennen.

„Ein paar „Beklopfte“ gibt es immer und überall, doch kann man nicht pars pro toto auf alle Betroffenen schließen. Burnout ist eine beträchtliche Gefahr – nicht nur für den Einzelnen, sondern auch für das Unternehmen, denn die Personalfluktuation erhöht sich, die Servicequalität nimmt ab, Krankenstände nehmen zu, die Moral sinkt, es kommt zu sozialen Spannungen, unter dem geringer werdenden Selbstwert schwindet der Erfolg, und aus einer schlechten Stimmung heraus können sich chronische Krankheiten und Depressionen entwickeln. Es ist eine Teufelsspirale, die sich zunächst schleichend, später immer schneller werdend nach unten zu drehen beginnt.“

Burnout in der EU

Fehlzeiten und Krankheit kosten die Europäische Union nach eigenen Angaben jedes Jahr mindestens 20 Milliarden Euro - 50 bis 60 Prozent der Fehlzeiten werden mit Stress am Arbeitsplatz, werden mit Burnout in Verbindung gebracht. Dabei ist Burnout nur ein Begriff und keine Diagnose.

„Und was unterscheidet Stress vom Burnout? Kommt es da nicht auch bei Belastung zum Zusammenbruch.“

„Stress ist an sich nichts Negatives, sondern in bestimmten Situationen durchaus nützlich. Es ist die natürliche Reaktion des Körpers auf auslösende Symptome, die als Stressoren bezeichnet werden. Und jeder Mensch geht individuell mit diesen Faktoren um. Nicht überfordernder Stress wird als „Eu-Stress“ bezeichnet, schädliche, den Menschen überfordernde Belastungen werden „Dis-Stress“ genannt. Ist der Druck längere Zeit zu groß, kommen Menschen aus der Balance, wobei es nicht unbedingt nur auf die Intensität ankommt, sondern auf die Fähigkeit des Menschen, etwas gegen die Belastung zu tun.“

„Und wie reagieren Menschen auf Stresssituationen?“

„Sehr archaisch: Flucht, Sich-Tot-Stellen und Kampf sind die Grundmuster unseres Verhaltens. Kurzfristig wird unser Körper auf Hochtouren mobilisiert, Stresshormone werden frei gesetzt. Blutdruck, Puls und Atmung werden erhöht bzw. beschleunigt, die Immunabwehr, Verdauung und Sexualfunktionen werden heruntergefahren. Am Arbeitsplatz taucht allerdings das Problem auf, dass diese Mobilisierungsprozesse nicht in die notwendigen körperlichen Aktivitäten münden. Kann Stress nicht adäquat ausgelebt werden, kommt es zu Dauerstress, der zum so genannten posttraumatischen Belastungssyndrom führen kann. Ermüdung, Erschöpfung, Energiemangel sind nur einige der möglichen Folgen.“

„Und das ist dann das Burnout.“

„Ja, Dauerstress kann auch als Burnout bezeichnet werden, wobei das Gefühl des Ausgebrannt-Seins nicht nur durch externen Leistungsdruck oder Frustrationen entstehen kann, sondern auch durch Überlastung und zu hohe Erwartungen an sich selbst.

Die Burnout-Trias

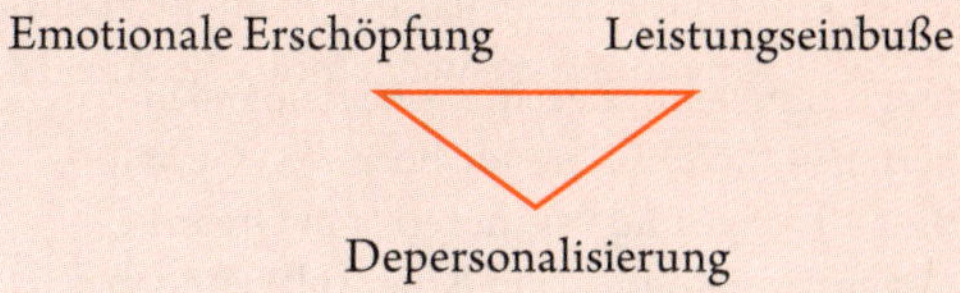

Vielleicht kennst du auch das Sprichwort: “Wer ausbrennt, muss einmal gebrannt haben“. Eine Aussage mehr, dass es die Leistungsträger trifft, denke nur an den Schispringer Sven Hannawald, der seine Karriere deswegen beendet hat, an den Jazz-Pianisten Keith Jarrett, der eine Zwangspause einlegen musste, oder an den Rapper Eminem, der seine Konzerttournee deswegen abgesagt hat.“

„Wow, ich wusste gar nicht, dass du Eminem kennst.“

Hans lächelt und tätschelt meine Wange. „Sag, hältst du mich für einen alten Deppen, der nicht mehr weiß, was so „in“ ist auf der Welt?“

„Aber nein, ich bin nur erstaunt, dass du dich in der Musikszene so gut auskennst.“

„Sich in der Musik auszukennen heißt doch nicht, dass ich ein Fan von Gangster-Rappern bin. Apropos Musik, die passt sehr gut zum Thema.“

„Wieso denn das?“

„Weil sie zeigt, wie sehr sich unsere Zeit beschleunigt hat. Denken wir nur an den Jazz der 20er- und 30er-Jahre, der auch das hektische Treiben auf den Straßen, den schnellen Rhythmus des Alltags widerspiegeln wollte. Was damals als schnell galt, wird heute als Musik zum Entspannen angeboten. So sehr hat sich die kollektive Wahrnehmung von Tempo verändert.“

„Tempo hat ja ursprünglich nur die richtige Geschwindigkeit in der Musik bezeichnet, erst später entstand daraus die Bezeichnung für hohe Geschwindigkeit.“

„Genau – da fällt mir übrigens ein Zitat des Dirigenten Wilhelm Furtwängler ein: Es gibt nur ein Tempo – das richtige."

Wir beginnen zu philosophieren, und ich erzähle, dass ursprünglich vor dem Radfahren gewarnt wurde, weil man glaubte, vom starken Gegenwind ein Fahrradgesicht zu bekommen. Hans lacht und schließt an: „Und vor der Eisenbahn haben Ärzte gewarnt, weil deren unglaubliche 25 bis 30 Stundenkilometer Spitzengeschwindigkeit zu Hirnerweichung führen würde. Ja, da haben sich die Leute wohl geirrt."

Mobbing
(engl. anpöbeln, angreifen, über jemanden herfallen) Schikanierende Form von Gewalt, die als Intrige und Psychoterror in Organisationen, insbesondere am Arbeitsplatz und in Schulen, auftreten kann.

„Und wie, immer schneller und schneller hat sich die Industrialisierung entwickelt. Jetzt leben wir im digitalen Zeitalter und leben in Echtzeit. Doch das Paradoxe daran ist, dass wir mit zunehmendem Fortschritt das Gefühl haben, immer weniger Zeit zu haben."

„Ja, Zeit ist Macht. Früher war es Mitarbeitern sogar verboten, ihre eigenen Uhren zur Arbeit mitzunehmen. So gab es zum Beispiel nur die Siemens-Zeit, und alle Uhren wurden beim Eingang eingesammelt und nach Dienstschluss wieder ausgeteilt. Auf diese Weise hatten der Arbeitgeber, die Industrie, die alleinige Verfügungsgewalt über die Länge der Arbeitszeit."

„Sind es heute nicht auch die Großunternehmen, die Macht über die Zeit ausüben wollen? Denk doch nur an die Nachtarbeit, an die Arbeit am Sonntag, an die Diskussionen über Feiertagsarbeit. Zeit ist Geld." Hans war früher Personalchef im Lebensmittelhandel und weiß, wie groß dort der Druck ist.

„Richtig. Und eindimensionale Arbeit ist zu wenig. Jetzt müssen Mitarbeiter „multitasking-fähig" sein, also mehrere Aufgaben gleichermaßen ausführen können. Stress, Leistungsdruck, Burnout sind die Folgen."

„Womit wir ja wieder beim Thema sind. Du siehst, Burnout entsteht nicht, weil kein Leistungswille da ist, sondern weil der oft selbst auferlegte Leistungsdruck zu groß geworden ist. Wobei der Mensch sehr viel Druck aushalten kann, wenn er für seinen Einsatz auch die notwendige Anerkennung erhält. Wenn diese fehlt, kommt zur beruflichen Belastung oft auch noch

Mobbing dazu. Dann ist die Situation für MitarbeiterInnen wirklich unerträglich."

„Ich denke, dass MitarbeiterInnen in der Telekommunikationsbranche oder in vergleichbaren Handels- und Dienstleistungssparten besonderem Druck ausgesetzt sind. Der Preiswettbewerb ist groß, Kunden dürfen nicht verloren werden, neue Kunden müssen akquiriert werden, es geht darum, Vorgaben zu erfüllen, und hat man die Quote erreicht oder sogar überschritten, wird das Ziel noch höher gesteckt. Irgendwann brennen auch die Star-Verkäufer aus. Und meinen Harald hat es jetzt erwischt."

„Offenbar. Ich schlage vor, du liest dich tiefer in die Materie ein, führst ein Folge-Coaching mit ihm, bei dem es um Zukunftsperspektiven und Lösungen geht, und schlägst ihm vor, zusätzlich die Dienstleistung eines/r PsychotherapeutIn in Anspruch zu nehmen."

„Eines/r PsychotherapeutIn? An wen denkst du?"

„Psychotherapie ist immer Vertrauenssache, deshalb könntest du Harald vorschlagen, sich an ein Fachinstitut zu wenden. Dort gibt es einen kompetenten Pool von PsychotherapeutInnen, aus dem Harald wählen sollte."

„Aber was ist mit dir? Kein Interesse?"

„Doch, aber du kennst mein enges Zeitkorsett. Ich will dir aber gerne als Mentor zur Seite stehen, mit dem du laufend zum Thema reflektieren kannst. Einverstanden?"

„Ich verstehe, Alter. Die Situation ist wie im Coaching – nicht du arbeitest, sondern deine KundInnen – in dem Fall ich und Harald."

Wieder tätschelt Hans meine Wange und stellt lächelnd fest: „Nur Mut und bleib weiter dran, doch verliere dabei nie die Grenzen des Coaching aus den Augen! Spiel nur ja nicht den Hobby-Therapeuten, sondern sei ein Profi-Coach!"

IBOS – Institut für Burnout und Stressmanagement

Gerstnerstraße 3, 1150 Wien

Tel: +43 / 406 57 16

Fax: +43 / 406 57 15-20

Mail: info@ibos.co.at

Gesundheitszentrum „The Tree"

Fasholdgasse 3/7, 1130 Wien

www.thetree.at

III.

Burnout II

Energieverschleiß, eine Erschöpfung aufgrund von Überforderung, die von innen oder von außen – durch Familie, Arbeit, Freunde, Liebhaber, Wertsysteme oder die Gesellschaft – kommen kann und einer Person Energie, Bewältigungsmechanismen und innere Kraft raubt. Burnout ist ein Gefühlszustand, der begleitet ist von übermäßigem Stress, und der schließlich persönliche Motivation, Einstellungen und Verhalten beeinträchtigt.

Ich lese die Definition von Herbert Freudenberger aus dem Jahr 1985 und stelle fest, dass Burnout wirklich jeden treffen kann und schon lange nicht mehr als „Managerkrankheit" gilt. Für meine berufliche Tätigkeit möchte ich mich allerdings auf die Arbeitswelt konzentrieren. Was mag wohl der Grund dafür sein, dass so viele Menschen unter dem Berufsstress zusammenbrechen?

„Ausgepowert" hat Bernhard Heinzlmaier einen Artikel übertitelt, in dem er schreibt: „Arbeit wird oft als Zumutung empfunden, um am Ende zum Lohn des Lebens zu kommen, zum Konsum und Erlebnisakt, der uns sprichwörtlich wie die Karotte vor die Nase gehalten wird." Eine Online-Umfrage des Karriereportals „Monster" hat ergeben, dass nur acht Prozent der europäischen ArbeitnehmerInnen an ihrem Arbeitsplatz glücklich sind. Dies entspricht in etwa einer Untersuchung des Deutschen Gewerkschaftsbundes, die ergab, dass sich nur zwölf Prozent der Befragten in ihrem derzeitigen Beruf halbwegs wohl fühlen. Und die österreichischen Meinungsforschungsinstitute IFES und SORA haben im Rahmen des „Resignationsindex" erhoben, dass jede/r zehnte ArbeitnehmerIn an seinem/ihrem Arbeitsplatz völlig resigniert hat. Das bedeutet, dass diese sich mit ihrer schlechten beruflichen Situation abgefunden haben, dass sie keine Aufstiegsambitionen mehr haben und die Hoffnung auf Sinnstiftung im Arbeitsleben begraben haben. Schrecklich!

Arbeiten wir, um zu leben oder leben wir, um zu arbeiten? Diese Fragen scheinen nicht ans Ziel zu führen, da sie einander ausschließen. Ich denke, es gibt eine vernünftige Balance zwischen Arbeit und Leben, das in diesem Sinne wohl als Freizeit gemeint ist. Ich arbeite gern, ich arbeite viel, und es kann schon vorkommen, dass ich auf ein Freizeitvergnügen verzichte, um eine interessante Arbeit fertig zu stellen. Als Selbständiger bin ich ohnehin in der glücklichen Situation, nur mehr das zu tun, was ich sehr gut kann, sehr gern mache und was gleichzeitig profitabel ist. Damit ist nicht nur das Geldverdienen gemeint, sondern Sinn, der Nutzen meines Tuns …

Just als ich diese Zeilen schreibe, wird mir bewusst, dass das so gar nicht stimmt, dass ich sehr wohl auch Projekte betreibe, die wenig Spaß machen, dass ich selbstverständlich von anderen Menschen, ihren Stimmungen und Launen, aber auch von ihrer Zahlungsmoral abhängig bin. Wird mein Einsatz nicht entsprechend gewürdigt, fehlen meiner Seele die Grundnahrungsmittel, dann frustriert mich das, dann raubt es die Freude, dann ist jedes weitere Engagement sehr, sehr anstrengend.

Es geht also nicht um die Arbeit an sich, sondern um die Suche nach sinnerfüllten Arbeitswelten. Gern werden an dieser Stelle soziale Berufe angeführt, es wird von der Berufung geschrieben und der ungeheuren Befriedigung, die man durch selbstloses Tun erfährt – so lange, bis sich Burnout einstellt. Ich weiß noch genau, wie erschüttert eine steirische Gemeinde gewesen ist, als sich dort der Pfarrer am Grab seines Vaters erschossen hat, weil er dem ungeheuren Druck nicht mehr standgehalten hat. Wie kann das sein, dass selbst ein Priester unter der Last zusammenbricht? Offenbar haben der Ausgleich, die Anerkennung, die Freude, die Wertschätzung, die Liebe gefehlt – durch andere, aber vor allem durch sich selbst. Jeder ist sich selbst der Nächste. Es geht um den gesunden Egoismus, der uns davor bewahrt, selbst zu verbrennen und andere in Gefahr zu bringen, indem wir sie überfordern.

Grundnahrungsmittel für die menschliche Seele

Der innerste Raum des Menschen braucht:

- Liebe
- Anerkennung
- Sinnhaftigkeit

„Viel lieber beten wir tagtäglich auch noch unseren Kindern unsere Leistungsideologie vor und verurteilen sie damit dazu, unser falsches Leben zu wiederholen, ein Leben, in dem alles wichtiger ist, als die persönliche Erfahrung von Lebenssinn, der daraus erwächst, dass man mit sich und seinen eigenen Bedürfnissen in Übereinstimmung lebt“, zitiere ich Bernhard Heinzlmaier.

Das Problem ist, dass so viele Menschen sich selbst so wenig in den Mittelpunkt stellen, als Kopien durchs Leben gehen, vorgegaukelten Idealbildern hinterherlaufen und dabei versäumen, ihr eigenes Selbst zu entwickeln. „Eigentlich bin ich ganz anders, nur komme ich so selten dazu“, hat Ödön von Horvath geschrieben. Ja, wir kommen so selten dazu, „Originalmarke“ zu sein. Stattdessen schmücken wir uns mit Fremdmarken - Prestigeartikeln, die sich wie eine fremde Identität über uns stülpen und uns „in“ oder „out“ sein lassen. Der Kaufrausch resultiert oft aus einem Kaufzwang. Um dazu zu gehören und die damit verbundene Ideologie „Ich konsumiere, daher bin ich" zur Schau zu stellen, tragen wir Marken-Jeans, Designer-Outfit, Premium-Produkte und andere das Ego stärkende Insignien der Klassenzugehörigkeit. Das freilich will auch verdient sein. Also wird unverhältnismäßig hart gearbeitet, um über seine Verhältnisse leben zu können - man gönnt sich ja sonst nichts!

„Wir kaufen uns ein Erfolgserlebnis und schwups san ma wieder gesundet", lautet eine Textzeile von Wolfgang Ambros. Warum tun wir uns all das nur an? Vielleicht, weil wir uns davon einen Augenblick voll Glück erwarten. Siegmund Freud hat Glück als „plötzliche Befriedigung hoch aufgestauter Bedürfnisse" bezeichnet, als ein „episodisches Phänomen", dem wir hinterher jagen und dafür auch hart arbeiten. 340 Millionen Überstunden werden pro Jahr in Österreich gemacht, davon könnten rechnerisch 170.000 Arbeitsplätze geschaffen werden.

Von Stress sind nach Schätzungen der Europäischen Agentur für Sicherheit und Gesundheitsschutz am Arbeitsplatz zufolge 40 Millionen Menschen in der Europäischen Union betroffen. Eine solche Überbelastung macht krank: Herz-Kreislauf-Beschwerden, Erkrankungen des Bewegungsapparates, Bronchitis, Asthma, Diabetes, Erkrankungen des Magen-Darm-Trakts und der Schilddrüse, Depressionen, Angstzustände, Panikattacken, chronische Schlaflosigkeit ...

Krankenstände, Frühpensionen, Kündigungen, Produktivitätsausfälle sind einige der auftretenden volkswirtschaftlichen Probleme. Es sollte daher im Interesse jedes Arbeitgebers liegen, die Burnoutgefährdung im Unternehmen zu verringern und nicht nur Leistungsdruck kontinuierlich zu erhöhen.

Wenn wir nur wollten

Karrieren führen uns gefesselt fort,
Leistung tönts wie Peitschenknall,
Lagerparolen schrei'n:
Kauft ein! Verwaltet sein, scheint uns Schicksal ...

Hans Tomaschek aus seiner gleichnamigen Lieder-CD

„Denn unser Körper ist intelligent und weise", schreibt Angelika Koppe im Buch „Dein Körper ist ein weiser Coach" und meint weiter: „Er weiß von gesunden Lebens- und Vorgehensweisen, die trotz der ökonomischen und ökologischen Belastungssituation möglich sind. Sachlich gesehen, müssten eigentlich die wirtschaftspolitischen Aspekte es geradezu verbieten, den Körper im Berufsalltag nicht als Coach zu beachten und einzubeziehen." Das mag schon stimmen, doch was tun, wenn die natürliche Balance durch Stress ins Ungleichgewicht gekommen ist, und sich Burnout einstellt? Da erkennt Angelika Koppe die Grenze des Coaching: „Das Burnout ist auch für das Coaching eine undurchbrechbare Blockade. Ein Mensch in diesem seelisch und körperlich ausgebrannten Zustand ist nicht coachbar, sondern braucht andere „Nahrung" für die Regeneration."

Wirklich? Wieder die Frage: Kann Coaching bei Burnout wirkungsvoll eingesetzt werden?

Es kommt wohl auf die Stufe im Burnout-Zyklus an. Dabei möchte ich mich an Herbert Freudenberger orientieren.

ICD-10

In der Internationalen statistischen Klassifikation der Krankheiten und verwandter Gesundheitsprobleme findet sich Burnout unter Z: „Faktoren, die den Gesundheitszustand beeinflussen und zur Inanspruchnahme von Gesundheitsdiensten führen". Dort ist es wiederum unter dem Titel Z73 angeführt: „Probleme verbunden mit Schwierigkeiten bei der Lebensbewältigung", wobei Z73.0 Burnout als „Erschöpfungssyndrom" bezeichnet.

Ich überlege nochmals, in welchem Stadium sich Harald wohl befinden mag? Wie alle solcher Phasenbeschreibungen gilt auch hier, dass es keine zwingende Chronologie gibt, es können auch mehrere Phasen gleichzeitig auftreten oder manche Stadien übersprungen werden. Harald will nur seine Ruhe haben, schlafen, schlafen, schlafen. Das deutet auf das Stadium 7 hin – der beginnende Rückzug. Da Harald allerdings vom Betriebsarzt zu mir geschickt worden ist, dürfte dieser Verhaltensveränderungen festgestellt haben, was auf das Stadium 8 hindeuten würde. Gleichzeitig erinnere ich mich, dass Hans auf die Stufe 6 bis 7 getippt hatte. Die Übergänge sind fließend, doch irgendwo in diesem oberen Bereich dürfte er schon angekommen sein. Höchste Zeit, dass etwas getan wird, damit es nicht zur Eskalation kommt.

„Wenn Sie Ihre Symptome identifiziert haben, können Sie den Burnout-Prozess stoppen oder rückgängig machen. Wenn Sie sich festgefahren haben, heißt das nicht, dass Sie sich überhaupt nicht mehr rühren können." Diese Worte von Herbert Freudenberger beruhigen mich etwas, sehe ich doch darin die Chance, durch Coaching wieder Bewegung in Harald zu bringen.

Aber wie kann mir das gelingen?

Die Burnout-Spirale

Stadium 1: Der Zwang, sich zu beweisen

Ein neuer Job wird oft als große Herausforderung angesehen, die mit großen Erwartungen verbunden ist und das Aufgabengebiet wird hoch idealisiert.

Stadium 2: Verstärkter Einsatz

Von sich aus macht man mehr, als man muss, bei Überstunden ist man nicht so genau. MitarbeiterInnen beginnen, sich mit ihrer Arbeit zu identifizieren, wobei der Beruf immer stärker die Oberhand gewinnt.

Stadium 3: Subtile Vernachlässigungen eigener Bedürfnisse

Der Arbeit werden jegliche private Bedürfnisse untergeordnet, private Beziehungen beginnen, darunter zu leiden. Der persönliche Lebensraum wird vernachlässigt – der Kühlschrank bleibt leer -, auf die Gesundheit wird nicht geachtet, für sportliche Betätigung bleibt keine Zeit mehr.

Stadium 4: Verdrängung von Konflikten und Bedürfnissen

Betroffene stehen unter dem Zwang, die Arbeitsbeziehung am Funktionieren zu halten. Diese „Einsichten“ werden aber rasch verdrängt. Der Leistungszwang gewinnt die Oberhand, das „Getriebensein“ verdrängt immer mehr die persönlichen Werte.

Stadium 5: Umdeutung von Werten

Wenn der Konflikt zu groß wird, werden persönliche Werte kurzerhand geleugnet oder umgedeutet. Spätestens in diesem Stadium leiden auch die privaten Beziehungen. Es wird weder auf die eigenen Bedürfnisse noch auf die der anderen Rücksicht genommen.

Stadium 6: Verstärkte Leugnung der aufgetretenen Probleme

In dieser Phase nimmt der Drang zu, sich noch mehr anzustrengen, wobei die eigene Müdigkeit oder erste Krankheitssymptome verleugnet werden. Nach außen wird so getan, als gäbe es keine Probleme, anstatt das Problem offen zu besprechen. Die Distanz zum Selbst wird immer größer.

Stadium 7: Rückzug

Obwohl man es will, fühlt man sich außer Stande, den hohen emotionalen Einsatz aufrecht zu erhalten. Aufmerksamkeit und Einsatzbereitschaft lassen nach, die Ressourcen verringern sich. Nach außen wird so getan als ob, doch nach innen fällt es immer schwerer, Energie und Interesse aufzubringen. Die Empfindungen des Ausgebranntseins können so sehr überraschen, dass man versucht, die Einsatzbereitschaft noch mehr zu erhöhen, um sich selbst zu täuschen. Auch wenn man sich desillusioniert und gestresst fühlt, tut man so, als ob alles in bester Ordnung wäre.

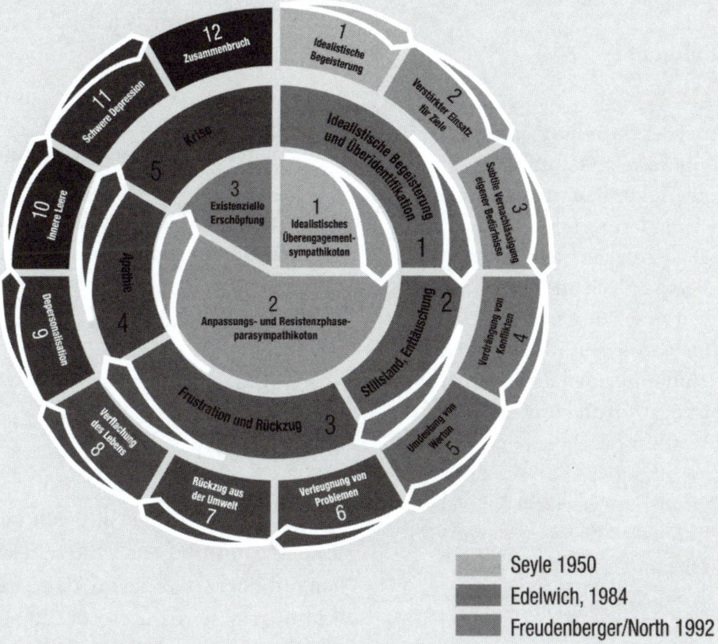

Stadium 8: Beobachtbare Verhaltensänderungen

Der Umwelt fällt ein geändertes Verhalten auf, nahe stehende Menschen zeigen sich besorgt darüber, erkennen die Erschöpfung, beklagen sich über fehlende Spontaneität oder Humorlosigkeit. Das wird als Kritik aufgefasst, die zurückgewiesen wird, da die anderen nicht verstehen, wie es einem geht. Man glaubt, es sei einem nicht mehr zu helfen.

Stadium 9: Depersonalisation / Verlust des Gefühls für die eigene Persönlichkeit

Die Kommunikation mit anderen wird fast gänzlich eingestellt. Betroffene haben das Gefühl, als würde ihr Körper von jemand anderem bewohnt. Es kann zu einer Spaltung zwischen Gefühlen und Handlungen kommen, indem z.B. Wut oder Schuldgefühle durch die Lethargie der Erschöpfung ersetzt werden. Es kommt zu massiven Schlafstörungen.

Stadium 10: Innere Leere

Man versucht, die Leere mit etwas anderem zu ersetzen, z.B. Essen, Alkohol, Drogen. Übermäßige sportliche Betätigung, erhöhter Fernsehkonsum oder Konsumrausch können auch Kompensationen des Leeregefühls sein. Betroffene wissen, dass sie etwas dagegen unternehmen sollten, doch fehlen ihnen Energie und Motivation. Sie wollen nur noch für sich sein.

Stadium 11:

Depression

Bei der Burnout-Depression gibt es kein Gefühl mehr für die Zukunft, und für jegliche Veränderung fehlt die Kraft. Die Fähigkeit, neue, andere Perspektiven oder Veränderungen zu sehen, geht verloren. Das Selbstwertgefühl sinkt auf den Nullpunkt, den Betroffenen ist egal, ob und was geschieht. Hoffnungslosigkeit und Verzweiflung machen sich breit, gleichzeitig herrscht Antriebslosigkeit. Alle ehrgeizigen Wünsche und Erwartungen sind zerstört, erste Suizidgedanken könnten aufkeimen.

Wird die Depression nicht als Lethargie erlebt, kann es zu nervöser Übererregung kommen – Wutanfälle, Herumzappeln, Nägel kauen, auf die Lippen beißen, Tränenausbrüche sind mögliche Reaktionen.

Stadium 12:

Völlige Burnout-Erschöpfung

Es kommt zum totalen Zusammenbruch, ein extrem gesundheitsbedrohlicher Zustand, der einer Akutbehandlung bedarf. Die körperliche, emotionale und/oder geistige Gesundheit ist massiv gefährdet, professionelle Hilfe ist unerlässlich.

Fünf Dinge nehme ich mir für die nächste Coaching-Sitzung vor:

1. Harald einen noch geschützteren Rahmen zu geben, frei von spürbarem Druck;
2. ihn durch gezielte Fragen zum Sprechen zu bringen und dann gut zuzuhören;
3. offen und ehrlich die Burnout-Problematik anzusprechen;
4. herauszufinden, wann das Gefühl des Ausbrennens begonnen hat;
5. ermutigen, über die eigenen Werte zu sprechen und erste, kleine Ziele zu formulieren.

Es ist mir ganz klar, dass ich kein Burnout-Experte bin und auch nie sein werde. Denn ich bin überzeugt davon, dass jede/r KundIn kundig für sein/ihr eigenes Leben und sein/ihr Burnout ist. Harald ist kundig und soll dafür auch die entsprechende Wertschätzung bekommen. Ich wiederum bin kundig für die Gesprächsführung und den Coaching-Prozess. Auf diese Weise sollten wir uns auf Augenhöhe begegnen können. Morgen werde ich wissen, ob mir das gelungen ist.

Kundige KundInnen

„Coaching ist für uns Interaktion von Experten: Der Kunde ist Experte für seinen Arbeitsbereich, der Berater ist Experte für die Durchführung lösungs- und zukunftsorientierter Reflexionen."

Uwe Grau: Kompetenz der Kunden nutzen

Demnach begegnen sich KundInnen und Coach auf gleicher Augenhöhe, wobei KundInnen, deren Anliegen und Ziele mit Respekt und Wertschätzung zu begegnen sind.

IV.

Harald ist wieder zu mir in die Praxis gekommen, er hat weder abgesagt noch unter einem Vorwand eine Terminverschiebung forciert. Offenbar will er weitermachen. Ich bin nicht sicher, wie er unser letztes Gespräch beurteilt, denn mir kam er zu sehr verschlossen, passiv vor, um einen stimmigen Eindruck zu gewinnen. Für mich war er ein Besucher, der mal kurz vorbei kommt, um zu sehen, was Coaching eigentlich ist.

Heute trägt er einen dunklen Anzug, ein rosa gestreiftes Hemd und keine Krawatte. Das macht ihn allerdings nicht sportlich-leger, sondern lässt ihn unordentlich wirken. Liegt wohl daran, dass der Anzug zu elegant ist, um ihn mit offenem Hemdknopf zu tragen. Er wirkt nicht agiler, im Gegenteil, ich habe den Eindruck, dass er noch niedergeschlagener ist. Zuletzt ist es mir nicht aufgefallen, heute rieche ich, dass er vor unserer Stunde ordentlich geraucht haben muss. Sein Atem, aber auch seine Hände riechen nach Zigaretten. Er hat mir die Hand gegeben, und an meinen Fingern haftet der Geruch von Tabak.

Klagender – Besucher – Kunde

Menschen, die sich an eine/n Coach wenden, lassen sich laut Steve de Shazer im Rahmen der lösungsfokussierten Kurztherapie in eine dieser drei Kategorien einordnen, wobei diese Klassifizierungen keine Eigenschaftszuschreibungen sein sollten, sondern dazu dienen, das Coachinggespräch dem individuellen Entwicklungsstand des Kunden und seines Problems anzupassen.

Rapport herstellen im Coaching

- Einen geschützten Rahmen
- eine vertrauensvolle Atmosphäre
- eine tragfähige Arbeitsbeziehung aufbauen

Es ist mir wichtig, zu Beginn des Gespräches eine gute zwischenmenschliche Ebene – Rapport – herzustellen, welche die Grundlage für ein erfolgreiches Coachinggespräch bildet. Es ist wichtig, dass eine Vertrauensbasis aufgebaut wird, dass sich der Kunde wohl fühlt, dass die „Chemie" zwischen Coach und KundIn stimmt, doch kann dies niemals durch ein theoretisches Konstrukt nach Lehrbuch, sondern immer nur durch Wahrhaftigkeit erfolgen. Dabei ist der Hinweis auf die Wahrheit, auf die objektive Wirklichkeit, für einen Konstruktivisten – für jemanden, der davon ausgeht, dass sich jeder Mensch seine subjektive Wahrheit konstruiert – fast schon ein Paradoxon.

Wahrhaftigkeit verstehe ich in dem Sinn, wie sie zum Beispiel C. R. Rogers für die klientenzentrierte Gesprächsführung definiert hat, als Kongruenz

(Echtheit), Akzeptanz (Wertschätzung) und Empathie (Einfühlungsvermögen und emotionale Wärme). Mit diesen drei Gesprächsvariablen hat er die Haltung definiert, die ein Therapeut einnehmen sollte. Ich denke, dass das auch für einen Coach seine Gültigkeit haben kann.

Wie bringt man KundInnen dazu, zu kooperieren, ohne dass man im Vorfeld dazu ein großes Regelwerk verkündet? Für mich gehören ein fester Händedruck, ein Blick in die Augen, eine Anknüpfung an eine persönliche Bemerkung der letzten Stunde, die zeigt, dass ich voller Aufmerksamkeit und Interesse beim Kunden gewesen bin, dazu. Ich frage Harald nach dem kleinen Markus und versuche, an die positive Stimmung anzuschließen, die vor fünf Tagen aufgekommen ist, als ich nicht über den Beruf, sondern über seine Familie zu sprechen begonnen habe. „Dem geht es gut", antwortet Harald unbeschwerter und erzählt, dass er mit seinem Sohn am Nachmittag ins Schwimmbad gehen will.

Schlafstörungen

Abweichungen vom gesunden Schlafverhalten, die der „International Classification of Sleep Disorders (ICSD-2) eingeteilt werden in:

- Insomnie
- Schlafbezogene Atmungsstörungen
- Hypersomnien zentralnervösen Ursprungs
- Zirkadiane Schlafstörungen
- Parasomnien
- Schlafbezogene Bewegungsstörungen

„Das ist eine sehr gute Idee, ich bin mit meiner Tochter auch gern baden gegangen. Haben Sie sich heute frei genommen?"

„Nein, mein Hausarzt hat mich auf Empfehlung des Betriebsarztes krankgeschrieben."

„Mit welcher Diagnose?"

„Er hat es depressive Verstimmung genannt."

„Und wie würden sie es bezeichnen?"

„Keine Ahnung. Vielleicht chronische Schlafkrankheit."

„Schlafen Sie so viel?"

„Nein, aber ich möchte immer und überall einschlafen – nur ich kann nicht. Ich habe massive Schlafstörungen. Verstehen Sie, was ich meine?"

„Wann haben Sie denn zuletzt so richtig gut geschlafen?"

„Ach, das ist schon lange her. Ich glaube, im Urlaub vor zwei Jahren."

„Wo waren Sie damals?"

„In Kroatien, in der Nähe von Rovinj."

„Da ist es sehr schön, da war ich auch schon zwei Mal. Und nach dem Urlaub war es vorbei mit gutem Schlaf?"

„Nein, doch danach haben die beruflichen Probleme begonnen."

„Wie darf ich berufliche Probleme verstehen?"

„Naja, der Druck wurde erhöht. Wir hatten Quartalsvorgaben, die plötzlich und ohne Vorwarnungen erhöht worden sind. Mitarbeiter wurden abgebaut, das steckte dahinter, deshalb mussten wir deren Arbeit auch noch erledigen."

„Das war bestimmt keine leichte Sache, diese Mehrbelastung. Wie haben Sie das dennoch geschafft?"

„Indem ich rund um die Uhr gearbeitet habe. Sogar außerhalb der Dienstzeit habe ich meine Kunden besucht."

„Die sollten sich über den guten Kundenservice gefreut haben."

„Haben sie auch, und meine Vorgaben habe ich locker erreicht. Doch dann kam die nächste Quartalsvorgabe ..."

„Was ist da passiert?"

Harald ist sichtlich erregt, hat einen roten Kopf bekommen und bemüht sich, die Beherrschung nicht zu verlieren. In seinen Augenwinkeln, glaube ich, Tränen zu entdecken.

„Anstatt eine Prämie zu bekommen, weil wir die Mehrleistung erreicht haben, wurden die Vorgaben weiter nach oben geschraubt."

„Hat sich denn niemand beschwert?"

„Nein, denn wenn das jemand getan hätte, hätte er sich gleich einen neuen Job suchen können."

„Und für Sie war die Vorgehensweise in Ordnung?"

„Damals ja, denn ich hatte meine Quoten stets voll erfüllt und meistens sogar überschritten."

„Doch diesmal hat es nicht gereicht?"

„Auch im nächsten Quartal habe ich die Vorgaben erreichen können. Doch fragen Sie nicht nach dem Aufwand."

„Wieso, was ist denn passiert?"

„Ich habe jede freie Minute im Büro oder beim Kunden verbracht. Am Abend habe ich mir Termine ausgemacht, sogar am Wochenende habe ich Kunden getroffen."

„Wieso haben Sie das getan? Waren diese Überstunden angeordnet?"

„Nein, aber ohne diesen Mehraufwand hätte ich meine Quoten in keinem Fall erreichen können."

„Das muss ganz schön anstrengend gewesen sein. Alle Achtung, das haben bestimmt nicht viele geschafft."

„Nein, viele sind unter den Vorgaben gelegen, obwohl sich wirklich jeder den Arsch aufgerissen haben."

„Da sollten Ihre Vorgesetzten doch sehr stolz gewesen sein."

„Stolz – überhaupt Gefühle – kennen diese Roboter nicht. Der Kapitalismus kennt keine Seele."

„Wenn Sie daran was ändern könnten, was würden Sie anders machen?"

„Ich kann nichts daran ändern, bin nur ein kleiner Befehlsempfänger. Ein einfacher Bauer auf dem großen Schachbrett des Lebens."

„Aber stellen Sie sich vor, sie könnten etwas tun, das zu einer Veränderung führt, was wäre das und woran würden Sie erkennen, dass etwas anders geworden wäre?"

Harald denkt nach und meint, dass plötzlich Gerechtigkeit eingekehrt wäre, dass Ziele realistisch gesteckt würden und der Druck endlich ein Ende hätte."

„Angenommen, die Firmenleitung hätte sich für die Zielerreichung bei Ihnen bedankt. Wäre es Ihnen leichter gefallen, weiterhin vollen Einsatz zu zeigen?"

„Natürlich, doch durch die immer höher werdenden Vorgaben fühle ich mich verarscht. Wie der dumme Hase laufe ich dem Igel hinterher und ärgere mich, weil dieser immer vor mir da ist."

„Ist das ein Thema, über das wir heute reden wollen?"

„Welches von den vielen?"

„Wie wäre es, wenn Sie sich das wichtigste raussuchen würden?"

„Das kann ich nicht, zu viele Themen beschäftigen mich."

Probebühne der Möglichkeiten

Coaching sollte einen geschützten Raum öffnen, in dem die verschiedensten Lösungsalternativen wie auf einer Probebühne jedoch noch ohne direkte Auswirkungen auf den Alltag durchgespielt und ausgewählt werden können. Dadurch wird der „Kunden-Möglichkeitssinn" erweitert.

Offenbar war meine Frage zu groß, also frage ich kleiner nach: „Würde es Ihnen helfen, Ordnung in die Themenvielfalt zu bringen?"

„Ja, Ordnung wäre schön. Ich bin eigentlich ein sehr ordentlicher Mensch, doch bei den vielen Problemen habe ich irgendwie die Übersicht verloren. Ich bin dem allen nicht mehr gewachsen."

„Wie würden Sie „das alles" denn nennen?" Ich versuche zu externalisieren, mein Gegenüber etwas von seinen Problemen loszulösen, um über diese ohne persönliche Bezugnahme sprechen zu können. Harald soll das Gefühl bekommen, dass die Umstände problematisch sind, er aber nicht das Problem ist. Dadurch hoffe ich, dass er offener über seine Erwartungen sprechen kann, keine Schuldgefühle oder andere Bremsen auftreten und er erkennt, dass es unterschiedliche Perspektiven und Lösungsalternativen gibt. Mehr Freiraum lässt auch die notwendige Kreativität zu.

„Ausbeutung, würde ich das Problem nennen. Miese, dreckige Ausbeutung."

„Wenn ich jetzt diese Ausbeutung einladen würde, im Stuhl neben uns Platz zu nehmen, wie würde sie die derzeitigen Umstände beschreiben?"

Harald hält kurz inne, offenbar ist er ein wenig verwirrt über diese ungewöhnliche Vorstellung. Wird er weiter mitmachen? Ja, das tut er: „Die Ausbeutung wäre auch nicht zufrieden, weil uns allmählich die Kraft ausgeht und die Freude schon längst abhanden gekommen ist."

Externalisieren I

Bei der Externalisierung von Problemen versucht der Coach, Probleme, die von Kunden als bedrückend empfunden werden, zu objektivieren und gegebenenfalls zu personifizieren. Dies soll dazu führen, dass das Problem von der Person per se getrennt wird und in weiterer Folge leichter bearbeitbar wird.
Michael White

„Verstehe ich das richtig, dass auch die Ausbeutung zum Opfer geworden ist?"

„Eigentlich ja. Was macht ein siegreicher Feldherr, wenn seine Soldaten entweder tot oder schwer verletzt sind?"

"Was würden Sie tun, wenn Sie Feldherr wären? Was sind Ihre Ziele?"

„Mit dem Unsinn aufhören, endlich aufhören und Ruhe geben!"

„Ruhe geben. Ist das Ihr Ziel?"

„Ja, mit dem Unsinn aufhören."

„Können wir das Ziel aufschreiben, damit wir es nicht aus den Augen verlieren?"

„Ja, das passt. Mit dem Unsinn aufhören. Nein, dass der Unsinn aufhört."

„Woran würden Sie denn erkennen, dass der Unsinn ein Ende genommen hat?"

Harald denkt nach. Ich merke, dass seine Energie allmählich zu Ende geht.

„Wenn ich in der Früh aufwache und mich nicht mehr ankotze, in den Firmenwagen steigen zu müssen."

„Wieso? Gefällt er Ihnen nicht?" Ich versuche einen humorvollen Ton anzuschlagen.

„Doch, es ist ein guter deutscher Mittelklassewagen. Trotzdem kommt mir das Kotzen. Ich verkrampfe schon, wenn ich die Wagenschlüssel aus der Tasche ziehe."

„Wann hatten Sie denn das erste Mal dieses Gefühl?"

„Am Tag, nachdem unser Außendienstteam diese Wahnsinns-Vorgaben hingeknallt bekam und unser Gruppenleiter keinerlei Protest eingelegt hat. Da fühlte ich mich verraten und verkauft."

Seine Gekränktheit ist bei jedem Wort spürbar. Anstatt in alte Wunden zu stechen, versuche ich eine positive Kehrtwende. „Und wo könnte der Sinn in der Sache gelegen sein?"

Zirkuläre Fragen

Bei diesem „Spiel über die Banden" wird der/die KundIn gefragt, wie Dritte denken, handeln oder reagieren würden. Dadurch wird eine Außensicht eingenommen, die wiederum eine neue Perspektive öffnet oder einen rascheren Einblick in die Kundenvernetzungen gewährt.

„Der Sinn? Da gibt es keinen Sinn mehr."

„Wo ist dann der Sinn einmal gelegen?"

„Im Erfolg, bei den Abschlüssen, bei den erfüllten Vorgaben, bei der Anerkennung ... Das alles ist Schnee von gestern..."

„Kann es morgen auch wieder schneien?" greife ich die Metapher auf.

„Ich weiß nicht."

Harald ist in sich zusammengesunken und schüttelt still den Kopf. Ich lasse ihm Zeit, mache eine Pause, sage nichts. Vielleicht beginnt wieder er.

„Ich bin wieder mal enttäuscht worden, wie schon so oft."

„Wer hat Sie denn schon enttäuscht.“

„Ach, das hat schon in der Kindheit angefangen. Mein Vater hat auch immer den Druck erhöht. Ins Gymnasium musste ich, weil er nur die Hauptschule gemacht hat. Studiert hat er nicht, doch immer wieder hat er mir genau gesagt, worauf es beim Studium ankommt. Und wenn ich seinen Erwartungen entsprochen habe, hat er nichts mehr davon wissen wollen und mich schlecht gemacht. Immer und immer wieder …“

Metapher

(griechisch μεταφορά „Übertragung“, von metà phérein „anderswohin tragen“)

Rhetorische Figur, bei der ein Wort in einer übertragenen und nicht in seiner wörtlichen Bedeutung gebraucht wird, so dass zwischen dem wörtlich bezeichneten Inhalt und dem übertragen gemeinten eine Beziehung der Ähnlichkeit besteht. Dadurch wird mit der rechten Gehirnhälfte gearbeitet (Bilder, Visionen, Zielvorstellungen …)

Harald ist jetzt den Tränen nahe. Am Tisch steht eine Kleenex-Box, ich werde ihm aber kein Taschentuch anbieten. Sollen sie ruhig fließen, die Tränen, herausbrechen die Gefühle. Er erzählt von Geburtstagen ohne Geschenke, von Weihnachtsgeschenken, für die nur der Vater Verwendung hatte, von falschen Versprechungen, enttäuschten Hoffnungen, dem hingeschmissenen Betriebswirtschaftsstudium und seiner verletzten Seele.

„Ein Wort hätte genügt, bloß ein lobendes Wort …“

Harald hat einen zweiten großen Themenbereich geöffnet. Neben dem beruflichen Leistungsdruck gibt es offenbar einen unbewältigten Vater-Sohn-Konflikt, der den beruflichen Kontext stark beeinflusst, aber nicht Thema des Coachings ist. Der immer wieder erfolglose Versuch, es dem Vater zu beweisen, hat allerdings einen starken Anteil am jetzigen Burnout. Ich entschließe mich dazu, das Thema vorsichtig anzusprechen.

„Harald, ich habe Ihnen zuletzt doch gesagt, dass ich vermute, dass Sie unter einem Burnout-Syndrom leiden, was auch Hans Tomaschek, von dem ich Ihnen erzählt habe, bestätigt hat. Außerdem gab er mir den Rat, Ihnen vorzuschlagen, mit einem/r PsychotherapeutIn zu reden. Wie geht es Ihnen mit diesem Vorschlag?“

„Mit einem/r PsychotherapeutIn? Ist denn mein Fall so schwer, dass Sie ihn abgeben wollen?“

„Nein, nein, ich möchte sehr gern mit Ihnen weiter zusammenarbeiten, doch gibt es unterschiedliche Methoden, die Ihnen zusätzlich helfen können. Während ich Sie bei Ihren Berufsproblemen begleite, könnte sich ein/e Psychotherapeutin jener Themen annehmen, wie eben der Kindheit, die Sie offenbar noch immer beschäftigt."

„Ich weiß nicht, bin ich jetzt ein Fall für den Psychiater?"

„Nein, es geht um den Vorschlag zur Psychotherapie mit dem Fokus Burnout."

Harald ist unsicher geworden, was ich nachvollziehen kann, da das aufkeimende Vertrauen durch die Veränderung wieder gefährdet erscheint. Ich entschließe mich dazu, das Thema öffentlich zu machen: „Wäre es unangenehm für Sie, eine Psychotherapie zu beginnen?"

„Ich weiß nicht, ich hab' das noch nie gemacht. Aber „Psycho" macht mir schon Angst."

„Und wenn Sie nicht zu einem „Psycho" gehen, sondern zu einem Experten, der sich mit Burnout sehr gut auskennt, wäre das leichter für Sie?"

„Weiß nicht, kommt darauf an."

„Worauf käme es denn an?"

„Um was für einen Typ es sich handelt."

Ich erzähle Harald vom Burnout-Institut und schlage vor: „Wollen Sie mal unverbindlich dort vorbei schauen, um sich ein Bild von den Menschen zu machen, die dort arbeiten? Wäre das ein machbarer Versuch?"

Öffentlich machen

Dritte Leitlinie des Coaches sollte es sein, auf keinem Thema „sitzen zu bleiben", das den Coachingprozess unnötig erschweren oder die Möglichkeit zum Ko-Konstruieren behindern könnte. Deshalb sind Assoziationen, Empfindungen, Ideen und andere relevante Eingaben in angemessener Form an- und auszusprechen.

„Wenn es mir hilft, dann ja. Von mir aus, ja."

„Fein. Soll ich einen Termin koordinieren oder wollen Sie selbst anrufen."

„Es wäre mir lieber, wenn Sie das für mich machen könnten. Sie wissen ja, ich habe jetzt Zeit, ein Mann ohne Aufgaben, bin ja krank geschrieben."

„Das trifft sich ja gut, dann könnten wir dort doch gleich einen Termin anmelden und den nächsten mit mir vereinbaren."

„Ich glaube, ich werde das nächste Mal meinen Terminkalender mitnehmen, sonst komme ich mit all den Coaching- und Therapieterminen durcheinander. Wenn das so weiter geht, brauch ich bald auch eine Sekretärin dafür."

Er kann wieder scherzen, die Stunde klingt angenehm aus. Heute war er mehr als nur ein Besucher. Über weite Strecken ein Klagender, doch hatte ich das Gefühl, dass es ihm gelungen ist, aktiv gestaltend zu arbeiten. Er scheint mich zu mögen, mir ein wenig mehr zu vertrauen. Der Rapport war gut, ich denke, da kann sich eine gute Zusammenarbeit ergeben.

Und welche meiner Vorsätze für die Stunde konnte ich umsetzen?

Harald hatte ein Anliegen und konnte ein kleines Ziel formulieren. Das Coaching-Gespräch ist in Schwung gekommen, er hat mir von seinen Werten erzählt und sich geöffnet. In angemessener Weise konnte ich ihn verstören, doch hat z.B. das Externalisieren der Ausbeutung dazu geführt, dass er einen Perspektivenwechsel vorgenommen hat. Auch mit dem Vorschlag, zusätzlich eine Psychotherapie zu beginnen, habe ich ihn verstört, aber indem das Wort „Psycho" rausgelöst wurde und eine kompetentes Institut als Lösungsbild für ihn entstand, konnte auch eine kleine Einstellungsänderung bewirkt werden. Da hat sich in dieser Stunde schon einiges bewegt.

V.

Ich erreiche Univ.-Prof. Dr. Wolfgang Lalouschek, den medizinischen Leiter des IBOS – Institut für Burnout und Stressmanagement erst nach dem dritten Anrufversuch. Das Gespräch mit ihm ist mir sehr wichtig, da ich bei der Betreuung von Harald auf Nummer sicher gehen will und ich es auch aufgrund meiner Sorgfaltspflicht als notwendig erachte, mich mit ihm zu koordinieren.

Ob er wohl Zeit hat, sich mit mir um Harald zu kümmern? Ich gebe ihm einen kurzen Überblick und berufe mich dabei auf die Empfehlung von Hans Tomaschek. Mir ist wichtig, mich mit Wolfgang Lalouschek abzustimmen, da dieser nicht nur Neurologe ist, sondern auch Coach. In einem Kollegengespräch möchte ich erfahren, wie dieser Burnout beurteile, und wie sich Coaching und Psychotherapie ergänzend einsetzen ließen, um dem Burnout-Kranken den Leidensdruck zu nehmen.

„Das ist aus meiner Sicht die zentrale Frage: Wie hole ich die Leute aus ihrem Leiden ab und mache sie von Klagenden zu kundigen Klagenden? Wie können Realitätsbezüge hergestellt und immer wieder überprüft werden?“ geht Professor Lalouschek in die Tiefe, „Psychotherapie hilft, alte Verhaltensmuster aufzuzeigen und die Ursachen dafür aufzulösen. Das braucht seine Zeit. Im Alltag ist es wichtig zu wissen, dass man jemanden an seiner Seite hat – dass man einen Coach an seiner Seite hat –, mit dem man berufliche Realitätsbezüge herstellen kann, wenn das im Unternehmen nicht anders möglich ist. Das hilft, dass die Kunden nicht „ver-rückt“ werden – von einer bisher gesicherten Position an den Rand gerückt werden –, sondern halbwegs gut aufgestellt bleiben.“

Univ.-Prof. Dr. Wolfgang Lalouschek

Jahrgang 1964, Facharzt für Neurologie; Studium der Medizin und Biologie; Schwerpunkte: Akuttherapie, Prävention und Nachbehandlung zerebrovaskulärer Erkrankungen.

Langjährige Erfahrung im Spital, in der ambulanten Behandlung und in der Forschung, Systemischer Coach (EAA - Europäische Ausbildungsakademie).

„Dafür ist eine gute Vertrauensbasis notwendig, ein geschützter Rahmen, in dem der Kunde seine Themen offen legen kann – nicht dem Coach, sondern vor allem sich selbst gegenüber, denn nur so kann der Realitätsbezug hergestellt werden."

„Genau, und den geschützten Rahmen schafft man durch Respekt vor seinem Gegenüber und die unerschrockene Annäherung an das jeweils relevante Thema", bestätigt Lalouschek.

„Harald ist der typische Klagende, der enttäuscht wurde, der frustriert ist, dessen Wertvorstellungen zusammengebrochen sind, der in seinem, zumindest beruflichen Leben, keinen Sinn mehr erkennen kann. Irgendwie hat er im „Nebel" die Orientierung verloren und weiß jetzt nicht mehr weiter."

„Das ist typisch beim Burnout, die Leute wissen gar nicht mehr, was relevante Informationen sind – es verschwindet alles in dichtem Nebel. So wie in der Depression auch."

„Da kann Coaching Orientierungshilfe geben", ich gehe auf die Bedeutung der Reflexion ein. „Ein offenes Gespräch über Möglichkeiten, dem dichten „Nebel" dem reißenden Strudel zu entrinnen, kann schon die Grundlage für eine Veränderung schaffen. Das heißt aber nicht, dass ich als Coach Veränderungen forciere, ich kann lediglich Lösungsmodelle ko-konstruieren helfen und Ansätze bieten, die aufgegriffen oder abgelehnt werden können."

Drittes Auge

Abgesehen von den visuellen Sinneseindrücken ist das dritte Auge visionär, es nimmt die Körpersprache wahr (Mimik, Gestik, Haltung), stellt Verbindungslinien her, erblickt Kundenmetaphern, verbindet Wahrnehmung und Gefühl, ist Resonanzkörper für Kundenbewegungen, erfasst die Kundengesamtbefindlichkeit, fokussiert und defokussiert und sieht auf der Zeitachse Vergangenheit, Gegenwart und Zukunft.

Drittes Ohr

Es ist Türöffner zum Gedankenexperiment und Empfänger der Keywords für Anliegen, Ziel und Auftrag des/der KundIn. Es hört die relevanten Informationen, differenziert die Sprache zwischen Klagendem, Besucher und Kunden, erhört die Kundensicht, hört entscheidende Weichenstellungen im Gesprächsverlauf, sichert Führen und Schritthalten, hört Möglichkeiten für Refraiming und positives Umformulieren sowie wichtige Hinweise auf Ressourcen und Kompetenzen.

Hans Tomaschek

„Burnout-Betroffene sind sehr geschickte Verleugnungs-ExpertInnen. Sie verstehen es perfekt, Gedanken oder Gefühle über die Überbeanspruchung ihrer körperlichen, geistigen und emotionalen Energiereserven beiseite zu schieben. Freudenberger sagt dazu: Wenn sie auf etwas Unangenehmes stoßen, leuchtet in ihrem Geist ein großes „Nein" auf, das als Barriere zwischen ihnen und der Realität wirkt. Das bedeutet, dass sie eine automatische Abwehrreaktion gegen unangenehme oder unbequeme Tatsachen einnehmen. Mit dementsprechendem Widerstand muss man als Coach rechnen."

„Das heißt, dass man als Coach am Kunden dran bleiben muss und sich nicht so einfach abwimmeln lassen darf."

„Das stimmt. Gut zuhören ist wichtige Voraussetzung, und zwar nicht nur mit den Ohren, sondern auch durch intensive Beobachtung mit dem sogenannten Dritten Auge. Was wird nonverbal ausgedrückt? Was sagt uns seine/ihre Körpersprache? Wie ist die Gesamtwirkung? Und auch das Dritte Ohr des Coaches ist gefragt. Welche relevanten Informationen verbergen sich hinter dem Gesagten, aber auch hinter dem Nicht-Ausgesprochenen? Vor allem dann, wenn der Burnout-Prozess schon weiter fortgeschritten ist, muss man aufpassen, was vom Kunden öffentlich gemacht wird. Denn wer den Boden unter den Füßen verloren hat, der konstruiert sich seine eigenen Schutz-Realitäten, in denen er überleben kann. Probleme werden durch Umdeutungen verleugnet. Umso wichtiger ist es, den entlarvenden Blick dahinter zu werfen, um das Verborgene zu entdecken."

„Jetzt vermute ich, dass Burnout-Kranke kompetente Experten ihrer Problemwelt sind und dementsprechend gut Geschichten erzählen können. Wahrscheinlich sind sie auf herkömmliche Argumente sehr gut vorbereitet und können geschickt ausweichen. Da macht es aus meiner Sicht Sinn, sie zu verstören."

Verstören

Interventionstechnik im Coaching, bei der in angemessener Form die Wirklichkeitskonstruktionen des/der KundInnen behutsam positiv irritiert werden, wodurch die Neuorientierung angeregt wird, z.B. Absurdität, Übertreibung, Rollenvertauschung, bewusste Missverständnisse, Wortspiele usw.

„Ja, das ist eine wirksame Methode, doch vergessen Sie dabei nicht auf die Angemessenheit. Not too small – not too big: appropriate. In angemessener, respektvoller Weise soll der Kunde ermutigt werden, sich zu öffnen, vor sich selbst zu öffnen."

„Ich würde mit der Verschlimmerungsfrage arbeiten: Was könnten Sie noch tun, damit Sie sich noch schlechter fühlen."

„Das ist ein durchaus taugliches Mittel. Doch aufpassen, die Frage muss für den Klienten im Sinne der Logik des Absurden gut vorbereitet werden, damit nicht Problemzentrierung, sondern Lösungsorientierung erreicht wird. Es geht ja darum, gegenzusteuern, die Situation zu optimieren und nicht, real zu verschlimmern."

Verschlimmerungsfrage

Droht ein/e KundIn, zu stark in die Problemspirale gezogen zu werden, kann es hilfreich sein zu fragen, was noch getan werden könnte, um das Problem weiter zu verschlimmern oder eskalieren zu lassen.

Dadurch kann Verstörung ausgelöst werden, die wiederum konstruktive Problemlösungsressourcen aktiviert und dem Kunden zeigt, dass dieser sehr wohl auf die Situation Einfluss nehmen kann.

„Selbstverständlich. Meine Erfahrungen haben mir bislang gezeigt, dass die meisten Gesprächspartner bemüht sind, Probleme zu verharmlosen. „Aber geh', so schlimm wird es doch nicht werden". Wenn man plötzlich gefragt wird, wie man eine Situation noch verschlimmern könnte, dann kommt einem das wirklich absurd vor. Da regt sich innerer Widerstand und man beginnt, konstruktiv am Lösungshimmel zu arbeiten."

„Coaching wirkt auch, weil es Unterschiede schafft, weil Fragen neue Blickwinkel entstehen lassen. Das muss in angemessener Form gelingen", weist Wolfgang Lalouschek hin.

„Man könnte daher neben direkten auch zirkuläre Fragen einsetzen."

„Das habe ich bei Harald schon getan, indem ich zum Beispiel seine Frau der Sitzung beigezogen habe. Und dann ist auch sein Vater aufgetaucht und damit jede Menge offensichtlich unbewältigter Konflikte. Da war dann für mich die Grenze des Coachings erreicht und ich habe Harald vorgeschlagen, diese, aus der belastenden Vater-Sohn-Beziehung resultierenden Probleme, mit im Rahmen einer Psychotherapie aufzuarbeiten."

Professor Lalouschek bestätigt meine Entscheidung und meint: „Private Probleme sollten am Coachingtisch eher nicht zu intensiv bearbeitet werden, auch wenn sie von den Kunden selbstverständlich hineingetragen werden. Der Coach sollte nicht die Tür zum Intimraum des Kunden öffnen.

Ängste, Depressionen, Vater-Sohn-Konflikte und ähnliches sind keine Themen für den Coaching-Prozess, wohl aber alles, was zum beruflichen Kontext gehört."

„Verstanden, Harald und sein Vater gehören ganz der Arbeit im IBOS-Institut, doch wäre es schön, wenn wir uns in Zukunft etwas koordinieren könnten, sofern dies nicht die Verschwiegenheitspflicht verletzt."

„Ich werde dieses Thema öffentlich machen und Ihren Kunden fragen, nachdem er bei uns gelandet ist. Außerdem werde ich Ihnen einen Beitrag schicken, den Dorothe Rathjen, eine Kollegin des Institutes, geschrieben hat. Vielleicht haben Sie dafür Verwendung. Es geht darin um die Gründe, die zum Burnout führen und welche äußeren Auslösebedingungen wirken."

Tür zum Intimraum

Kunden haben ihren Intimraum, also Themen, die oft schambesetzt sind, eine übergroße Schwere aufweisen oder vom Kunden eben noch nicht zur Sprache gebracht werden können und wollen.

Auf den Beitrag bin ich neugierig. Harald ist mein erster Kunde, den ich gemeinsam mit dem IBOS-Institut begleite. Neuland für mich, doch fühlt sich jetzt der Boden unter meinen Füßen sicherer an. Mir scheint es immer wichtiger zu sein, genau abzustecken, was Coaching in den verschiedenen Burnout-Stufen zu leisten vermag, um meine Grenzen nicht zu überschreiten. Darüber möchte ich mich mit Hans Tomaschek supervisorisch austauschen.

VI.

Hans Tomaschek sitzt mir am runden Tisch seiner Mödlinger Praxis gegenüber. Bis 20 Uhr hat er gruppenanalytische Sitzungen gehabt, die ihn sichtlich hergenommen haben. Dabei scheint er wieder einmal mit vielen Übertragungsphänomenen und menschlichem Leid konfrontiert worden zu sein. Im geschützten Rahmen können sich die Gruppenmitglieder alles an den Kopf werfen, und andere können als Gegenspieler „missbraucht" werden, die als Stellvertreter für Konfliktpartner in der realen Welt fungieren und so Patienten das freie Ausdrücken ihrer Empfindungen im geschützten Rahmen der Therapiestunde ermöglichen. Dabei bekommt Hans als Gruppenleiter oft auch ordentlich was ab. Vor allem mit Vater-Übertragungen wird er konfrontiert. Das stelle ich mir nicht einfach vor.

Übertragung

Unbewusster Vorgang, bei dem Erwartungen, Gefühle und Einstellungen, die jemand gegenüber früheren Bezugspersonen hatte, auf andere Personen übertragen werden. Es kommt zur Vergegenwärtigung des Vergangenen sowie zur Verschiebung und Projektion auf gegenwärtige Bezugspersonen.

Gegenübertragung

Unbewusster Vorgang, ausgelöst durch die Übertragung der KundInnen. Dabei werden Erwartungen, Gefühle und Einstellungen des Coaches auf die KundInnen gegenübertragen. Gegenübertragungen können vom Coach auch bewusst zum Normalisieren, Kommentieren und Fokussieren auf die Ressourcen eingesetzt werden.

Hans achtet sorgfältig darauf, in seinen unterschiedlichen Rollen nicht durcheinander zu kommen. Montag bis Mittwoch ist er Psychotherapeut, Donnerstag bis Samstag – sofern er am Wochenende unterrichtet – ist er Systemischer Coach. Heute ist Mittwoch, genau die berufliche Dämmerung seiner beiden Professionen. Open end, ist angesagt. Schön, dass er sich für meine Fragen so viel Zeit nimmt.

„Das mach ich doch nicht wegen dir, sondern wegen dem Burnout-Thema. Bild dir nur nicht so viel ein." Hans schmunzelt, und ich weiß genau, wie er es meint.

„Willst du ein Glas Wein trinken? Um diese Zeit darf man sich schon einen guten Tropfen gönnen."

Er macht eine Flasche Weißburgunder auf und schenkt ein. Wir prosten uns zu, er trinkt einen Schluck, dann geht es los.

„Ich habe inzwischen die einschlägige Burnout-Literatur gelesen, in der Coaching natürlich nicht vorkommt. Deshalb würde ich gerne meine Überlegungen mit dir koordinieren, um eine klarere Sicht zu bekommen."

„Was verstehst du unter klarerer Sicht? Bin ich dein Fensterreiniger?"

„Nein, ich meine, ich möchte sicher gehen, dass ich nichts falsch verstanden habe."

„Warum sagst du das dann nicht? Klarheit ist so ein Platzhalter, der oft strapaziert wird und alles bedeuten kann. Wenn ein Kunde zu dir von Klarheit spricht, dann habt ihr beide mit Sicherheit unterschiedliche Vorstellungen davon, doch das Wort Klarheit weckt die Illusion, ihr würdet von ein- und derselben Sache reden. Watzlawick hat schon gesagt, ‚Sprache schafft Wirklichkeit'. Wenn es dir um die Klarheit geht, dann solltest du auch klar sprechen."

Sprache:
Sprechen, versprechen, versprochen

„Dabei liegt die Verantwortung der TherapeutIn darin, den Fokus der Fragen zu beachten und sich im Rahmen des „angemessenen Ungewöhnlichen" zu bewegen – also Unterschiede zu erzeugen, die einen Unterschied machen (können)."

Jürgen Hargens und Uwe Grau

„Da höre ich den studierten Juristen heraus."

„Mag sein, vor allem aber einen, der weiß, dass die Sprache die Quelle aller Missverständnisse ist."

„Genau, das stammt von Antoine de Saint Exupérie."

„Und warum machst du es dann nicht - genau formulieren? Das wichtigste Instrument des Coaches ist seine Sprache. Mit der kann er konstruieren, formen, deuten und umdeuten. Wenn jedes Wort zweideutig ist, dann kann nichts dabei raus kommen."

Ich habe die Lektion verstanden und bemühe mich, sorgfältiger auf meine Formulierungen zu achten. Das ist anstrengender, fördert aber auch die Eloquenz.

„Wenn es dir recht ist, würde ich gern die 12 Burnout-Stufen mit dir durchgehen und dabei die Relevanzen für das Coaching besprechen."

Hans nickt und ich beginne mit Stadium 1: Der Zwang, sich zu beweisen.

„Wir haben es hier mit der idealistischen Begeisterung zu tun", erklärt Hans, „es geht um den Drang, sich zu beweisen – letztendlich jedoch um den Zwang, sich selbst etwas zu beweisen. Die Suche, die dahinter steckt, ist ein ganz wichtiges Grundnahrungsmittel für die Seele: die Anerkennung. Da steckt eine frühe Erfahrung dahinter, das Kind bekommt Liebe durch Leistung."

„Und die Liebe ist ein anderes Grundnahrungsmittel. Also ist die Gefahr groß, dass uns unsere Bedürftigkeit überfordert. Worum geht es denn eigentlich? Um einem Ideal nachzulaufen oder seine realen Bedürfnisse zu befriedigen. Dafür ist es wichtig zu wissen, wo der Einflussbereich des Kunden beginnt und wo er endet. Jeder ist doch selbst das Maß aller Dinge."

„Doch selten sind Dritte so kritisch wie wir zu uns selbst. Der eigene Perfektionismus, das Gefühl der Minderwertigkeit lässt viele einen krank machenden Ehrgeiz entwickeln."

„Als Coach würde ich zirkulär fragen, zum Beispiel woran der Chef erkennen würde, dass Harald so viel Arbeit – auch in der Freizeit – in seine Arbeit gesteckt hat."

„Das ist eine sehr gute Idee. Oder du stellst schon hier die Verschlimmerungsfrage: Was müssten Sie machen, dass es nur mehr Ihre idealistische Begeisterung für den Job gäbe, keine Nebenschauplätze mehr existierten und Sie auf Auszeiten, Erholung usw. ganz verzichteten."

„Oder ich lade den Kunden ein, heute Beobachter seiner Selbst zu sein. Wie würde er mir beschreiben, was er so sähe."

„In der Praxis werden dir solche Menschen wahrscheinlich nicht begegnen, weil sie sich ja euphorisch und nicht belastet fühlen. Im Stadium 2 wird der Einsatz noch verstärkt, es kommt zur Überidentifikation mit dem Unternehmen."

„Da kann aus meiner Sicht das Private hineinspielen. Ist die Firma eine Ersatzfamilie? Sind die KollegInnen bzw. KundInnen Ersatzfamilienmitglieder?"

„Ganz genau. Der Sinn des Lebens rückt immer stärker ins Berufliche, das Private entfernt sich mehr und mehr. Sehnsüchte kommen dabei zu kurz. Wonach sollte man sich denn sehnen? Wofür sei denn da noch Platz?“

„Ich würde den Kunden fragen, welches Ziel er mit seinem Einsatz verfolge. Wolle er vielleicht drei Jahre voll arbeiten, um sich dann ein Jahr Auszeit, ein Landhaus oder eine andere Belohnung zu gönnen oder sei der Weg sein Ziel? Wohin könnte seine Reise gehen?“

„Du wirst erleben, dass viele allein schon dadurch verstört reagieren, weil sie sich keine konkreten Gedanken darüber machen. Und mit Sicherheit wirst du anderes erfragen, wenn du die Wunderfrage stellst und so tust, als gäbe es das Unternehmen gar nicht mehr. Stellen Sie sich vor, Sie wachten auf und Ihre Firma wäre nicht mehr da. Was wäre dann?“

„Oho, was wäre dann?“

„Viele glauben dann wirklich an ein Wunder“, lacht Hans.

„Kann ein Spieler aufhören zu spielen, wenn er eine Gewinnsträhne hat? Nein. Genauso stelle ich mir vor, dass auch der Workaholic nicht im Stande ist, den Leistungsdruck zu reduzieren.“

Wunderfrage
Wenn eine Situation hoffnungslos zu sein scheint, kann eine Wunderfrage eine neue Perspektive bringen. Ein Wunder ist, wenn ganz plötzlich etwas Unerwartetes geschieht. Woran würde man es merken? Wer würde es noch bemerken? Wer bemerkt es als erstes?

„Richtig. Die Vernachlässigung der eigenen Bedürfnisse ist die Folge, wodurch das Stadium 3 gekennzeichnet ist. Das Bild vom Spieler gefällt mir gut. Ein solcher weiß mit Sicherheit, dass er den Gewinn einstecken und aufhören sollte, doch lehnt etwas in ihm den Realitätsbezug ab. Genauso werden auch „Contra-Burnout-Argumente“ zurückgewiesen.“

„Spieler erzählen oft von ihrem inneren Kampf ...“

„Den führen auch Burnout-Betroffene. Sie kämpfen dabei gegen ihr „Ich-Ideal“ an, das übermächtig wie auf einem Stuhl hinter ihnen steht und ständig einflüstert: Es ist nicht genug! du hast noch nicht dein Bestes gegeben! Genug ist nicht genug, hat schon Konstantin Wecker gesungen.“

„Dieses „Über-Ich“ würde ich im Coaching vom Stuhl holen und in den Besuchersessel setzen. Warum macht es den Druck? Was könnte es loben? Wofür gibt es Anerkennung? Mir scheint es wichtig zu sein, dass sich Ich und Über-Ich auf Augenhöhe begegnen und sich der Kunde als Original authentisch erlebt.“

„Sehr schön gesagt, du Poet. Vielleicht versteht das auch der eine oder andere deiner Kunden?“

„Ich habe das ja nur zu dir gesagt und nicht zum Kunden. Eigentlich würde ich es anders ...“

„Warum sagst du es dann nicht so, wie du es sagen würdest? Dann hättest du nämlich die richtige Formulierung parat, wenn eine solche Situation eintritt.“

„Bei dir muss man aufpassen wie ein Haftelmacher, du alter Sprachpolizist.“

„Bin ich nicht, sondern Konstruktivist.“

„Du Über-Ich, du ...“

Wir lachen über das Geplänkel, das uns eigentlich schon zum Stadium 4 geführt hat: Verdrängung von Konflikten und Bedürfnissen.

„Das „Über-Ich“ repräsentiert aber nicht nur den strengen Kerl hinter uns am Stuhl, sondern steht auch für unsere Werte, die zunehmend in den Hintergrund gedrängt werden. Burnout-Kunden ordnen in dieser Phase nahezu alle ihre Bedürfnisse dem Job, der Karriere, der vermeintlichen Selbstverwirklichung unter. In diesem Stadium ist Coaching sehr wichtig, geht es doch um die Klärung der Fragen: Was wollen das Ich und das Über-Ich beibehalten? Worauf soll verzichtet werden, weil es krankmachen könnte?“

„Ich arbeite im Einzelcoaching immer mit drei Stühlen. Der dritte Stuhl ist für Besucher reserviert. Im konkreten Fall für das „Über-Ich“. Der Kunde kann entweder mit dem imaginären Besucher sprechen oder selbst in die Rolle schlüpfen.“

„Sesselsculpting nennt man diese Methode, die phänomenale Ergebnisse bewirken kann. Was das eine Ich zurückhält, legt das andere offen. Coaching kommt in dieser Phase zu seiner Höchstleistung", zeigt sich Hans Tomaschek begeistert und schenkt uns Wein nach.

„Verpasst der Kunde allerdings die Chance, durch Coaching aus diesem Stadium raus zu kommen, so kommt es im Stadium 5 zum Umdeuten von Werten. Der Realitätsvelust wird hier immer manifester. Es wird eine neue Werteskala, ja, sogar eine neue Weltordnung konstruiert, die an die Problemstellung, an den Druck angepasst wird. Das kann bildlich gesprochen so weit gehen, dass ernsthaft behauptet wird, die Erde wäre eine flache Scheibe."

„Da wird sich die Umwelt wohl sehr zu wundern beginnen. Ich denke in diesem Stadium sind erste Verhaltenauffälligkeiten sichtbar."

Sculpting

Bei dieser Methode werden Beziehungsmuster eines Systems bildlich im Raum dargestellt, z.B. durch einen Stuhl, in dem ein imaginärer Dritter Platz nimmt und zirkulär befragt wird.

„Richtig. Für dich als Coach stellt sich jetzt die Ampel von Gelb auf Rot. Vorsicht, nicht im Alleingang weiter machen! Du musst wissen, Reaktionsmuster und Inhalte des Kunden erfordern jetzt zwingend eine zusätzliche psychologische / psychotherapeutische Begleitung. Wenn man die Betroffenen auf das eigenartige Weltbild anspricht, dann reagieren Sie nämlich entweder aggressiv oder sie ziehen sich zurück. ArbeitskollegInnen reagieren verärgert und wenden sich ebenfalls ab. Das so notwendige Korrektiv geht somit verloren. Hinzu kommt die Enttäuschung der Betroffenen."

„Ich verstehe, in dieser Stufe kann Coaching allein nicht mehr ausreichen", drücke ich meine Betroffenheit aus.

„Immer, wenn Probleme massiv geleugnet werden und Realitätsverlust eintritt, dann sollten wir für flankierende psychologische bzw. psychotherapeutische Begleitung sorgen."

„Und jeder Coach muss sich an dieser Stelle fragen, ob er das Thema noch bearbeiten kann oder ob es zu groß geworden ist. Denn wenn Probleme geleugnet werden, dann kann es auch zu Konflikten zwischen Coach und Kunden kommen. Stellt man sich als Coach allerdings diesen Aufgaben, dann können angemessene Verstörungen der Wirklichkeitskonstruktionen ein wirksames Instrument sein. Aber bitte ganz behutsam einsetzen."

„Wenn sich der Kunde selbst täuscht, indem er aus dem Realitätsbezug flieht, dann wird er wohl durch den Coach und dessen Interventionen enttäuscht werden. Es kommt sicherlich zu ordentlichen Übertragungen, da muss der Coach bestimmt einiges einstecken?"

„Da kannst du dir sicher sein", antwortet Hans, der jetzt bei einem seiner Spezialthemen angelangt ist, „wobei es vor allem darauf ankommt, wie du als Coach mit deinen Gegenübertragungen umgehst. Wer persönlich reagiert, wird Teil des Konfliktes. Wer das darin liegende Potenzial nutzt, kann es zum besseren Verständnis für Reinszenierungen nutzen."

„Heißt das, dass wir auch in der Stufe 6 an Bord bleiben können, wenn es zu einer verstärkten Leugnung der aufgetretenen Probleme kommt?"

„Ab dem Stadium 6 sind PsychologInnen und PsychotherapeutInnen darum bemüht, zum Schutze und zum Wohle des Kunden den Burnout-Zyklus nicht weiter voranschreiten zu lassen bzw. erste Schritte zurück zu setzen. Als Coach konzentrieren wir uns auf den beruflichen Zusammenhang und suchen nach Ankern oder Haltegriffen, die den realistischen Blick in die berufliche Zukunft wieder ermöglichen."

Reinszenierung

Wer aus schlechten Erfahrungen weniger lernt, muss sie offensichtlich in der Realität wiederholen. Wer daraus lernen will, muss sie seelisch auf der symbolischen Ebene verarbeiten.

„Harald scheint mir in dieser Stufe zu sein, wobei er auch deutliche Rückzugsmerkmale des 7. Stadiums aufweist."

„Die Stufen sind nicht so eindeutig abgegrenzt. Irgendwo zwischen 6 und 7 befindet sich dein Kunde, und es muss dir klar sein, dass die Anforderungen und die Verantwortung an dich als Coach sehr groß sind. Du allein kannst beurteilen, ob du mit deinem Know-how, deiner Lebenserfahrung, aber auch deinen Energieressourcen der Aufgabe gewachsen bist. Denn so weit fortgeschrittene Kunden sind extreme Klagende, die dich nach unten ziehen können. Wenn du dabei bleibst, dann ist es wichtig, mit den PsychologInnen und PsychotherapeutInnen eng zusammenzuarbeiten und sich auf konkrete Aufgabengebiete zu fokussieren, um deren Arbeit nicht zu erschweren. Gleichzeitig wird dir durch deren Interventionen die Arbeit erleichtert."

Ich erzähle Hans von meinem Gespräch mit Univ.-Prof. Dr. Wolfgang Lalouschek, und er zeigt sich zufrieden mit dem Ergebnis.

„Harald dürfte jetzt in guten Händen sein, doch würde ich vorschlagen, dass wir die anderen Stadien auch noch durchgehen, denn jeder Coach bekommt seine Themen vom Schicksal präsentiert, und wenn du dich so intensiv mit Burnout beschäftigst, kann es durchaus sein, dass du schon morgen mit einem Burnout-Kranken zu tun hast, dem es noch schlechter als Harald geht."

Es ist inzwischen schon kurz vor 22 Uhr geworden, doch wirkt Hans frischer als zu Beginn unseres Gespräches, wo hingegen ich schon die Müdigkeit und den Wein spüre. Ein Stück Brot mit Leberstreichwurst kann mir Hans anbieten. Mein Magen knurrt, und ich nehme dankbar an. Ein Glas Wasser dazu, jetzt geht es mir besser.

„Ab dem Stadium 8 kommt es zu massiven Verhaltensänderungen. Wenn die Verflachung des Lebens eintritt, dann müssen wir damit rechnen, dass unser Kunde nicht mehr aus seinem vollen „Ich-Original" schöpfen kann. Er hat Einbrüche, was seine Ressourcen und Kompetenzen betrifft, es scheint, als ob eine Betonplatte auf all seinen Fähigkeiten läge."

„Wie geht man mit diesen Leuten als Coach vor."

„Behutsam, äußerst behutsam. Vergiss nicht, die menschliche Psyche ist keine dreispurige Autobahn, sondern so schmal wie eine Rasierklinge. Ganz leicht kann man kippen."

„Ich nehme an, dass wir in dieser Phase nur eine Nebenrolle spielen können und die TherapeutInnen den Großteil der Arbeit erledigen."

„Du hast Recht, ab der Stufe 6 oder 7 wird es immer schwieriger, mit Kunden Ziele und Aufträge zu erarbeiten, weil sich zeigt, dass die Betroffenen ab dieser Stufe aus ihrer Erschöpfung und aus der Symptomatik des Burnout heraus sich nicht mehr gut konzentrieren können, ihr Wahrnehmungsfokus eingeschränkt ist und sie so immer tiefer in die Burnout-Spirale hineinkommen, der nur mehr sehr schwer zu entrinnen ist. Es wird dann schwierig, mit ihnen gemeinsam ein Ziel zu vereinbaren und daran zu arbeiten."

Hans lässt mir etwas Zeit zum Nachdenken, bevor er fortfährt: „Betroffene neigen zur Vergesslichkeit und legen bei ihren Gesprächen und Geschichten Wiederholungsschleifen ein. Deshalb macht Coaching nur dort Sinn, wo Zielvereinbarungen wirklich möglich sind. Das sind keine großen Ziele, doch kann auch hier wieder Schritt für Schritt die Arbeitsfähigkeit wiederhergestellt werden. Ich weise nochmals darauf hin, dass es sich dabei um eine schwierige Aufgabe handelt. Wenn die Psychohygiene des Coaches darunter leidet, dann ist hier die Grenze des Coachings erreicht!"

„Ich nehme an, dass die Stufen 9 bis einschließlich 12 – Depersonalisation, Innere Leere, Depression und völliger Zusammenbruch - Sache von Psychotherapeuten und Ärzten ist."

„In diesen Stadien reicht die allgemeinmedizinische und psychotherapeutische Begleitung nicht mehr aus. Ab Stadium 9 ist ein Neurologe oder ein Psychiater hinzu zu ziehen, spätestens ab Stadium 10 bedarf es eines Internisten, wobei in vielen Fällen ein stationärer Aufenthalt unumgehbar ist. Das kann eine Schlafkur in einem Sanatorium sein oder eine multiprofessionelle Behandlung."

Allein beim Zuhören spüre ich, wie ich mich unbehaglich fühle.

Wie muss es da erst den Betroffenen gehen.

Voraussetzungen der Unterbringung laut Unterbringungsgesetz (UbG)

§ 3. In einer Anstalt darf nur untergebracht werden wer 1. an einer psychischen Krankheit leidet und im Zusammenhang damit sein Leben oder seine Gesundheit oder das Leben oder die Gesundheit anderer ernstlich und erheblich gefährdet und 2. nicht in anderer Weise, insbesondere außerhalb einer Anstalt, ausreichend ärztlich behandelt oder betreut werden kann.

„Vergiss nicht", setzt Hans nach einigen Augenblicken des Innehaltens fort, „ab dem Stadium 11 haben wir aus juristischer Sicht auch das Unterbringungsgesetz zu berücksichtigen. Besteht die Gefahr der Eigen- oder Fremdgefährdung, ist der Mensch nicht mehr aus seinem Original heraus entscheidungsfähig. In dieser Phase hat Coaching nur sehr periphere Einsatzmöglichkeiten beim Betroffenen, wohl aber bei den Angehörigen, die im Umgang mit der Krankheit unterstützt werden können. Doch Vorsicht, wird doch dabei die Vertraulichkeit der Betreuung entscheidend berührt.

Denk nur an den Generaldirektor, der eine Coachingstunde haben will, weil er wissen will, wie er mit dem Ausfall seines burnout-kranken Mitarbeiters umgehen soll."

„Für mich wäre das nicht operabel, doch würde ich den Generaldirektor an eine Kollegin vermitteln, die ihn unbelastet begleiten kann."

„Ich denke, dass auch hier das ethische Empfinden des Coaches von größter Bedeutung ist."

„Nur, um das Themengebiet abzuschließen. Wie sieht es aus, wenn ein Mensch völlig zusammengebrochen ist?"

„Beim Stadium 12 hat Coaching keinerlei Funktion mehr. Es geht in dieser Krise rein um die medizinische, therapeutische und psychologische Intensivversorgung. Erst wenn die Menschen wieder zu ihren Originalkräften zurückkommen, kann Coaching wieder wirkungsvoll begleiten. Erst ab der Stufe 8 macht es Sinn, den Kunden durch Coaching zu unterstützen und zielorientiert zu arbeiten."

„Wenn ich das richtig verstehe, dann kann Coaching in den ersten fünf bis sechs Stadien Kunden mit Burnout-Symptomen eigenständig betreuen. Ab der sechsten, in jedem Fall siebenten Stufe sollte psychotherapeutische Hilfe beigezogen werden, und ab der Stufe 9 ist es besser, wenn wir uns so lange aus dem Begleitprozess zurückziehen, bis die akute Phase vorbei, die Stufe 8 wieder erreicht ist und der Prozess sich weiter rückläufig in Richtung Genesung gestaltet?"

„Wenn du so vorgehst, wirst du die Grenzen des Coachings nicht überschreiten. Burnout-Behandlungen sollten keine Mutprobe, sondern wirkungsvoll sein. Und die Betreuung ist anstrengend. Da muss jeder auf sich selbst achten. Deshalb sind Supervision und Mentoring aus meiner Sicht für jeden Coach dringend notwendig, um nicht selbst Gefahr zu laufen, in den Burnout-Sog zu geraten."

Das war ein ausgiebiges Gespräch, bei dem ich sehr viel Fachliches, aber auch sehr viel Demut gelernt habe. Leicht neigt man dazu, sich alles zuzutrauen, doch wenn man so deutlich vor Augen gehalten bekommt, in welchen Zustand Menschen geraten können, weil sie ihrem zu großen Ehrgeiz nachgegeben haben, wird man sich seiner Verantwortung als Coach schon sehr bewusst. Wo meine persönlichen Grenzen sind, muss ich möglichst exakt definieren, um mit mir und meinen KundInnen in rechter Weise umgehen zu können.

VII.

Ursprünglich habe ich Werbung studiert und mich mit Marketing beschäftigt. Es geht dabei um beeinflussende Kommunikation, wie sie Laswell genau auf den Punkt bringt: „Wer sagt was zu wem auf welchem Kanal mit welcher Wirkung." So funktioniert das klassische Berater-Kunde-Prinzip. Der Berater ist der alles wissende Sender, der bestimmt, wie kommuniziert wird. Und der Kunde ist der geduldige Empfänger, der von der Botschaft beglückt wird. Manipulation, könnte man den Prozess böse benennen, Motivation ist die wohl gemeinte Bezeichnung.

In den werbepsychologischen Vorlesungen habe ich gelernt, dass man KundInnen bei einfachen Botschaften implizite Schlussfolgerungen zumuten kann, bei größeren Kaufentscheidungen bedarf es expliziter Botschaften: Kauf mich! Kategorisch und ultimativ müssen Werbebotschaften gestaltet sein, damit sie sich von Mitbewerbern abheben. Das Rufzeichen (!) war lange Jahre das wichtigste Satzzeichen meiner beruflichen Tätigkeit.

Im Coaching steht hingegen das Fragezeichen (?) im Mittelpunkt. Keine Ratschläge, sondern Angebote, keine Vorschriften, sondern Alternativen, keine Zwangsbeglückung, sondern Ausweitung der Handlungsmöglichkeiten. KundIn und Coach begegnen sich auf gleicher Augenhöhe, als ExpertInnen auf unterschiedlichen Gebieten – der Coach als ExpertIn des Prozessablaufes und der/die KundIn als ExpertIn für sein/ihr Anliegen. Darin liegt für mich der besondere Reiz darin, nicht vorgeben zu müssen, wie etwas wahrgenommen werden soll, damit es zu (meinem) gewünschten Erfolg wird, sondern die Kompetenzen und Ressourcen der KundInnen anzuerkennen und damit zu arbeiten.

Im Marketing sagt ein Sprichwort: „Man bekommt die Kunden, die man verdient." Meist wird dieser Satz dann strapaziert, wenn man sich gerade über einen unwilligen, uneinsichtigen Kunden beklagt, der absolut nicht das annehmen will, was man sich für ihn ausgedacht hat. Als beratungsresistent werden solche schwierigen Menschen bezeichnet, bei denen man die Kreativität wie die sprichwörtlichen Perlen vor die Säue zu werfen glaubt. Heute habe ich eine andere Meinung von KundInnen, die hinterfragen, die nicht kritiklos alles annehmen, was zudem ihr teures Geld gekostet hat. Doch aus Sicht des Systemikers, der daran glaubt, dass alle Menschen auf phänomenologische Weise miteinander verbunden sind und somit ein wundervolles

Netzwerk bilden, habe ich die Überzeugung, dass jeder Coach Kunden mit jenen Themen bekommt, mit denen er sich gerade in irgendeiner Weise beschäftigt. Genau so geht es mir derzeit mit dem Thema Burnout, denn kaum habe ich begonnen, mich mit Harald intensiv auseinander zu setzen, sind zwei weitere KundInnen mit Burnout-Anzeichen in meine Coaching-Praxis gekommen. Das Interessante dabei ist die unterschiedliche Ausprägung der gleichen Symptome, denn während Harald sehr niedergeschlagen und antriebslos auf mich wirkt, ist Jürgen ein Power-Manager, und Sissy ist die arbeitslos gewordene Sekretärin, Alleinerzieherin, die sich um ihre alten Eltern kümmert und unter der Mehrfachbelastung zu zerbrechen droht.

Jürgen ist Deutscher, Preuße durch und durch, mit konservativem Outfit: dunkelgraue Hose, dunkelblauer Blazer, hellblau gestreiftes Hemd und rote Krawatte mit Paisley-Muster. Er geht auf die Sechzig zu und vermittelt den Ersteindruck eines maßlosen „Egoisten" –, rücksichtslos, egomanisch, herrschsüchtig, laut und unglaublich von sich eingenommen. Sein Handschlag ist zu fest, seine Stimme zu dröhnend, seine Freundlichkeit zu aufgesetzt. Er macht mich nervös. Offenbar ist es seine Devise, sein Gegenüber von der ersten Sekunde an einzuschüchtern, um jedweden Widerstand im Keim zu ersticken. Ihm hat die Personalabteilung seines Unternehmens die Inanspruchnahme von Coaching-Stunden nahe gelegt und auch finanziert. Eigentlich seien diese Stunden für ihn, so meint er, reine Zeitverschwendung, da könne man doch stattdessen Sinnvolleres machen: verkaufen, verkaufen, verkaufen ... Er wirkt wie einer, den der Leistungszwang erbarmungslos vor sich her treibt, auf der Jagd nach immer noch mehr Erfolg – doch dieser scheint ihn in letzter Zeit ziemlich abgehängt zu haben. Als Senior-Sales-Manager eines Unternehmens für technisches Equipment hat ihn auch die Zeit eingeholt.

Anstatt mit den Jahren leiser zu treten und in einem Bereich zu arbeiten, der ihm mehr Arbeits- und Lebensqualität bescherte, hat er den Kampf mit den „Jungen Nichtskönnern von der Uni" aufgenommen, die für ihn eine wachsende Bedrohung darstellten. Auch auf Kundenseite seien nur noch „Rotzbuben" um die Dreißig anzutreffen, und wenn er sich neuerdings gar mit „Gören" als Gesprächspartnerinnen auseinandersetzen müsse, fiele es ihm schwer, sich zurückzuhalten. Wovor zurückhalten? Ihnen mal gründlich die Meinung zu sagen. Denn schließlich wäre er schon „Salesman des Jahres" gewesen, als diese Leute noch in den Windeln gelegen seien. „Unglaublich, das könnten alles schon meine Kinder, manche sogar meine Enkel sein!"

Jürgen beginnt damit, dass er eigentlich gar nichts zu erzählen hätte. Danach redet er eine Viertelstunde ununterbrochen in unglaublichem Tempo. Es sprudelt nur so aus ihm heraus: Frust, Aggression, Geringschätzung, Selbstbeweihräucherung ... und dahinter nackte Angst. Wie ein aufgescheuchtes Wild kommt er mir vor. Der Löwe brüllt, die Antilope ergreift die Flucht. Jetzt weiß der Löwe, wer sein nächstes Opfer ist und heftet sich an seine Fersen. Jürgen würde sich selbst als Löwe beschreiben, doch sein Gebrüll macht schon lange keinem mehr Angst. Er ist die alte Antilope geworden, die gehetzt wird. Dabei vermute ich, dass er es selbst ist, der sich den Druck auferlegt. Großtuerisch erzählt er, dass er Marathonläufer sei und täglich am Laufband trainiere. Exakt 75 Minuten verbringe er im Fitnesscenter – das mache fünf Minuten umkleiden, 45 Minuten laufen, 15 Minuten Sauna, danach kleide er sich wieder an und trinke ein Glas Orangensaft. Darüber führe er akribisch genaue Aufzeichnungen. Mindestens zehn Kilometer müsse er in dieser dreiviertel Stunden schaffen. Beim Zuhören komme ich schon ins Schwitzen.

Cheerleading und Komplimente

„Die Kunst beim Cheerleading und beim Formulieren von Komplimenten ist, dass sie vom Coach angemessen eingebracht werden und der Kunde in der Lage ist, sie anzunehmen. In einer Gesellschaft, die primär auf Tadel als auf Lob setzt, sind Komplimente und Anerkennung von Gelungenem eher eine Seltenheit."

Nino Tomaschek: Systemisches Coaching

„Was erwarten Sie sich von diesen Coachingstunden?" „Dass sie vorbei sind", ist seine Antwort. Für ihn ist es eine unvermeidliche Pflicht, die möglichst rasch erledigt werden muss. Jeden Tag will er kommen, mehr als zehn Stunden seien da sicher nicht nötig. Reine Zeit- und Geldverschwendung. Doppelstunden wären ihm außerdem viel lieber, da könne man die ganze Sache in einer Woche fertig haben. Zack-zack-zack.

Nachdem ich ihn die erste halbe Stunde frei drauflos reden lasse, geht ihm allmählich der Atem aus. Kleine Schweißtröpfchen sehe ich auf seiner hohen Stirn, seine Stimme wird leiser, seine Ausdrucksweise weniger aggressiv. Ich sage nichts, er schweigt. Kann er die Stille aushalten? Ich mache ihm ein Kompliment: „Ich muss schon sagen, einen so energiegeladenen Menschen wie Sie habe ich schon lange nicht mehr getroffen."

„Energiegeladen – ich?", scheint er zu denken.

Nein, er läuft Vollgas auf Reserve. Kurzzeitig kann er tarnen und täuschen, doch wenn die Luft draußen ist, sitzt ein ratloser Mann da, den Existenzängste plagen, der nicht weiß, wie er aus dem Teufelskreis raus kommt, der um seinen Job fürchtet und glaubt, mit noch mehr vordergründigem Einsatz anderen etwas vormachen zu können. Wem oder was läuft er tagtäglich davon? Und wie's da drin aussieht, geht niemanden was an. Deshalb sollten wir dort einmal hinschauen. Die nächsten Stunden haben wir Zeit, uns genauer damit zu beschäftigen.

Sissy wurde ich von einer Bekannten empfohlen, die mit ihr zusammengearbeitet hatte, bevor beide gekündigt wurden – nicht nur die beiden, sondern die ganze Abteilung, insgesamt 12 Personen. Während meine Bekannte inzwischen schon wieder einen neuen Arbeitsplatz gefunden hat, ist Sissy, als schwächstes Glied in der Kette, übrig geblieben und noch immer arbeitslos. Erst zehn Monate zuvor war sie als Sekretärin in dieser Kunst- und Kulturagentur angestellt worden. Der Job war ganz genau das, was sie sich gewünscht hatte. Ihr erlernter Beruf ist Tänzerin, doch hat eine Kreuzbandverletzung ihre Karriere vorzeitig, mit Ende Zwanzig, gestoppt und außer ihrer Tanzausbildung hatte sie nichts vorzuweisen. Da war es gut, dass sie schwanger wurde vor fast zehn Jahren. Der kleine Tobias sollte eigentlich ihre Beziehung mit einem ewigen Studenten retten. Seine großen Pläne als „Möchtegern-Chirurg" haben sie beeindruckt, doch außer vieler Worte hat er bis heute keine Erfolge vorzuweisen. Acht Jahre später war die Ehe, die davor schon drei Jahre nur noch auf dem Papier bestand, geschieden. Sissy musste auf eigenen Beinen stehen. Das Arbeitsmarktservice hat ihr einen Sekretärinnenkurs und den Europäischen Computerführerschein bezahlt. Fast zwei Jahre war sie offiziell arbeitslos gewesen. In dieser Zeit jobbte sie nebenbei als Kellnerin, als Tanzlehrerin für Kinder und als Rezeptionistin in einem kleinen Fitness-Center.

Dann kam die große Chance: Sekretärin in der Kultur-Agentur. Voll Elan hat sie sich rein gekniet, hat mehr als die vereinbarten 30 Stunden pro Woche gearbeitet. An den Abenden saß sie vor dem PC. Der Job hat Freude gemacht. Doch dann begann sich die Situation am Arbeitsplatz zu verschärfen, jeder kämpfte plötzlich um seine berufliche Existenz. Böse Gerüchte tauchten um Sissy auf, und bald sah sie sich in einem Netz von Intrigen gefangen. Sissy fehlte die Erfahrung im Umgang mit solchen Situationen, sie war ihnen nicht gewachsen. Im Erstgespräch fragt sie sich immer wieder, wie es passieren konnte, dass sie sich so sehr in den Menschen getäuscht hätte. Sie fühle sich missbraucht und belogen, macht- und kraftlos. Kraftlos auch deshalb, weil ihre Eltern pflegebedürftig seien. Der Vater leide an der Parkinson-Krankheit, die Mutter hätte schweren Diabetes. Vor kurzem wurde ihr ein Bein amputiert. Täglich sei sie vom Büro zu den Eltern gefahren, um danach in letzter Minute ihren Sohn vom Kinderhort abzuholen. Täglich gehe es den Eltern schlechter, täglich fühle sie sich elender. Als sie die Kündigung erhielt, brach sie zusammen, weinte, zitterte am ganzen Körper und war unfähig, allein nach Hause zu gehen. Meine Bekannte hat sie damals begleitet und sich um Sissy gekümmert.

Seitdem sind fast vier Wochen vergangen, und Sissys Zustand hat sich nicht gebessert. Sie ist kaum in der Lage, den Haushalt zu führen. Müde ist sie, doch in der Nacht findet sie keinen Schlaf. Kaum ist sie um vier Uhr Früh erschöpft eingedämmert, läutet schon wieder der Wecker, Tobias muss zur Schule. Den Vormittag verbringt sie im Bett. Sie macht gar nichts, liest nicht, schaut nicht fern, schreibt keine Bewerbungen. Zu Mittag quält sie sich zu den Eltern, die sie fertig machen, die sie immer mehr hasst, was ihr wiederum schlechtes Gewissen bereitet. Das Geld geht ihr allmählich aus, ihre Ersparnisse waren nicht sehr groß. Der Kindsvater zahlt keine Alimente – Sie müsste sich um Wohnungszuschüsse, die Fürsorge, Bewerbungsunterlagen, ihre Finanzen und vor allem mehr um ihr Kind kümmern, doch zu alledem kann sie sich nicht motivieren.

Ob sie trinken würde, möchte ich wissen.
„Was sollte ich trinken?", antwortet sie.

„Alkohol."

„Nicht mehr als andere auch. Sie zeigt sich empört über meine unverschämte Frage. Ja, ich bin weit gegangen, doch habe ich ihren Atem gerochen.

„Ich könnte mir vorstellen, dass andere in einer Situation wie der Ihren im Alkohol Trost suchten. Doch das geht sich nicht aus. Was meinen Sie?"

„Kurzfristig schon."

„Und was kommt danach?"

„Das Elend, das doppelte Elend. Die Schlaflosigkeit, das schlechte Gewissen, die totale Erschöpfung ..."

Unruhig sitzt sie mir gegenüber, hat die Beine angezogen und sieht aus, als sei sie am Sprung. Sie blickt sich permanent um, als fühlte sie sich verfolgt und macht ganz und gar nicht den Eindruck, als ob sie sich bei mir wohlfühlte.

Unsere gemeinsame Bekannte hatte den Termin vereinbart und sie auch zu mir gebracht. Ob Sie sich vorstellen könne, aus eigenen Stücken mit mir zu sprechen, möchte ich wissen. Sie ist sich nicht sicher und sagt das auch. Ich bedanke mich dafür, dass sie ihre Skepsis so offen ausdrückt. Das scheint sie zu überraschen.

„Warum wollen Sie mit mir reden?“ will sie wissen, „ich kann Sie mir gar nicht leisten.“

Ich erkläre ihr, dass ich in Zukunft nur mit ihr reden werde, wenn sie das auch selbst wolle.

„Warum sollte ich das wollen?“

„Was würden Sie mir denn auf diese Frage antworten?“

„Weil Sie mir vielleicht helfen könnten.“

„Womit könnte ich Ihnen denn helfen?“

„Weiß nicht. Vielleicht mit guten Ratschlägen?“

„Woran würden Sie denn erkennen, dass ein Ratschlag gut ist?“

„Naja, daran, dass ich damit was anfangen könnte.“

„Und was würden Sie damit anfangen?“

„Nun, vielleicht wieder besser drauf sein?“

„Das klingt gut. Wenn Sie sich eine zehnstufige Skala vorstellen, auf der 10 sehr gut drauf ist. Wo wären Sie, wenn Sie wieder besser drauf wären?“

„Locker auf 8.“

„Wann waren Sie zuletzt so gut drauf.“

„Pfffff … als ich den neuen Job angenommen hab. Da war ich wirklich gut drauf."

„Wenn Sie sich vorstellen, dass Sie aufwachen und wissen, dass heute Ihr erster Arbeitstag bei einem anderen guten Job ist. Wie gut würden Sie sich denn dann fühlen.

Sissys Augen beginnen zu glänzen. „Na, ganz sicher bei 8."

„Was müssten Sie tun, um dort hin zu kommen?"

„Mich besser fühlen."

„Wie gut fühlen Sie sich jetzt auf der Skala?"

„2, sicher nicht mehr."

„Ihre Augen haben vorhin geleuchtet, als Sie sich vorgestellt haben, dass Sie einen neuen Job beginnen. Auf welcher Stufe waren Sie da?"

„Kurz hab ich geglaubt, es wäre eine 6 oder sieben, doch das war nur eine Täuschung."

„Ihr gutes Gefühl täuscht Sie?"

„Nein, aber die Realität sieht anders aus."

„Heißt das, dass das gute Gefühl nicht da gewesen ist?"

„Nein – ich meine ja … also nein, es war nur eine Täuschung für den Moment."

„Und wenn es mehr solcher Momente gäbe, würde Ihnen das gut tun?"

„Mehr solcher Momente? Hm …", sie schließt kurz die Augen und lächelt. „Solche Momente könnte ich schon gut brauchen."

„Könnten Sie sich vorstellen, dass wir uns in Zukunft ein paar Mal träfen, um zu besprechen, was Sie tun könnten, damit Sie wieder auf die Stufe 8 kämen?"

„Vorstellen schon, aber nicht leisten."

„Das weiß ich. Doch wenn das Bezahlen keine Belastung wäre. Könnten Sie es sich dann vorstellen?"

„Ich möchte nichts geschenkt bekommen", Sissy zeigt ihren Stolz, der ihr gut passt.

„Ich würde Ihnen auch nichts schenken, sondern stunden. Wenn Sie wieder einen Job haben, dann können Sie mich bezahlen. Ginge das in Ordnung?"

„Ich werde alles bezahlen."

„Da bin ich mir sicher."

„Und ich werde wieder kommen."

Nächste Woche haben wir unsere erste Coaching-Stunde.

VIII.

Drei unterschiedliche Menschen mit drei unterschiedlichen Geschichten sind in meine Coaching-Praxis gekommen, drei Menschen an der Grenze ihrer Belastbarkeit. Harald, der Passive. Jürgen der scheinbar Dynamische. Sissy, die Antriebslose mit einem zusätzlichen Alkoholproblem. Doch alle verbindet das Burnout-Syndrom. Alle drei gehen nicht gut mit sich um, sind aus ihrer Mitte verrückt und nur noch beschränkt leistungsfähig. Kann man sie wieder da rausholen? Werden wir es gemeinsam schaffen?

Beim Burnout ist die Balance ins Ungleichgewicht geraten. Welche Balance? Ich denke, die Balance der „Dreifaltigkeit" des Menschen: Körper, Geist und Seele. Wenn diese Felder ausgewogen sind, kann uns auch große Belastung weniger anhaben. Natürlich wird an dieser Stelle in Diskussionen immer wieder Churchill mit „No sports" zitiert, und das Bild des dicken, alten Mannes mit der Zigarre entsteht im Kopf. Doch zum einen ist Churchill, meines Wissens, in seinen jüngeren Jahren, Ende des 19. Jahrhunderts, Offizier und Kriegsberichterstatter gewesen, was ihm sicherlich auch körperlich einiges abverlangt hat. Zum anderen gibt es zu jeder Regel eine Ausnahme. Und wenn Churchill körperliche Betätigung abgelehnt hat, hatte er mit Sicherheit andere Ausgleichs-Interessen.

Es geht um die Entspannung nach der Anspannung, um das Loslassen von Druck und Belastungen. Denn geschieht das nicht, schleppen wir die Probleme des ganzen Tages, der ganzen Woche in die Freizeit mit und fragen uns, weshalb sie uns schließlich zu erdrücken drohen.

Ja, oft strapaziert wurde das Bild von Yin und Yang, vom männlichen und weiblichen Prinzip, von Härte und Weichheit. Dennoch zeigt es wie kein anderes, dass das Ganze der Ausgewogenheit bedarf. Zu viel vom einen schwächt das andere.

Work-Life-Balance ist ein anderes Schlagwort, das eine Zeit lang zu den Lieblingsthemen der Medien gehört hat. Dennoch verwende ich es, weil es zeigt, dass sich Arbeit und Leben in Balance befinden sollten. Da frage ich mich allerdings, ob Arbeit außerhalb des Lebens steht. „Arbeitest du noch oder lebst du schon?" Ikea hat das Thema als Slogan aufgegriffen.

Wenn jemand aus der Balance ist, dann wird er instabil und fällt um, wenn er es nicht schafft auszugleichen – auszutarieren. Im Alltag bekommt einmal die Arbeit, einmal die Freizeit die Oberhand. Wie Akrobaten müssen auch wir ausgleichen, um nicht einseitig zu werden und hinzufallen. Was könnte uns da als Stange dienen? Mir fällt das Bewusstsein ein – das aufmerksame Hinsehen, wo wackelt's schon gefährlich, wo droht etwas an uns aus dem Lot zu geraten? Da ist es wichtig, rechtzeitig gegenzusteuern.

Klingt alles ganz einleuchtend, doch in der Praxis scheint das unglaublich schwer zu sein. Denn zu Beginn sind die Begeisterung und Idealisierung sehr groß. Wir nehmen gar nicht wahr, dass wir uns allmählich aus unserer Mitte entfernen. Später dann setzt das Leugnen ein, und die schützende Selbstkontrolle geht immer mehr verloren.

Unser Körper weiß ganz genau, wann es genug ist, und sendet frühzeitig Alarmsignale: Kopfschmerzen, verspannte Schultern, Kreuzschmerzen ... „Ich brauche eine Auszeit, eine kurze Verschnaufpause!" scheint er zu rufen. Doch hören wir auf ihn? Verstehen wir, dass er Erholung benötigt? Oder nehmen wir lieber eine schmerzstillende Tablette ein und betäuben diese wichtigen Körpersignale?

Work-Life-Balance
Ausgewogenheit zwischen Arbeit- und Privatleben.

Dissoziieren
Dabei kommt es zu einer teilweisen oder völligen Abspaltung von psychischen Funktionen, z.B. Erinnerung, eigene Gefühle (Schmerz, Hunger, Durst, Angst usw.), Wahrnehmung der eigenen Person bzw. der Umgebung.

„Körperorientiertes Coaching bezieht als eine Qualität die Intelligenz und das gespeicherte Wissen des Körpers richtungsweisend in den Verlauf des Coachingprozesses mit ein. Der Coachingprozess wird übereinstimmend mit dem Körper entwickelt und die daraus folgenden Aktionen mit den jeweiligen körperlichen Bedürfnissen in Einklang gebracht", schreibt Angelika Koppe im Buch „Dein Körper ist ein weiser Coach".

Spüren Menschen ihren Körper noch, wenn sie im Burnout stecken oder dissoziieren sie? Trennen Sie ihre körperlichen Bedürfnisse von sich ab? Harald hat keine Kraft mehr, um sich zu spüren, Jürgen wendet viel Energie auf, um sich selbst davon zu laufen, und Sissy betäubt sich und ihre Bedürfnisse vorsätzlich. Ich denke, allen Dreien ist das natürliche Körperbewusstsein verloren gegangen. Sie haben ihr Zentrum verloren und gehen derzeit „ver-rückt“ durchs Leben. Wie ein unwuchtiges Rad stelle ich mir einen solchen Zustand vor.

Über die Balance zu reden, scheint mir viel zu wenig zu sein, man muss etwas dafür tun. Die Aktivität ist für die Aktivierung von entscheidender Bedeutung. Bei Freudenberger finde ich darüber nicht sehr viel: „Kümmern Sie sich um Ihren Körper. Lassen Sie keine Mahlzeiten aus, quälen Sie sich nicht mit strengen Diäten, geben Sie Ihrem Schlafbedürfnis nach, halten Sie Arzttermine ein. Achten Sie auf gesunde Ernährung.“ Ja, all dem stimme ich vorbehaltlos zu, doch scheinen mir diese Maßnahmen nur ein erster Schritt zu sein.

Ergänzend möchte ich dazu ein paar Anregungen erwähnen, die ich auch in der Praxis erprobt habe. Darüber hinausgehend gibt es sicherlich noch viele andere Wege und Methoden, doch kann und will ich nur weitergeben, was ich selbst angewendet habe und worüber ich zumindest ein wenig Bescheid weiß.

Körperarbeit

- **Atmen** Sie ganz bewusst, denn der Atem versorgt uns mit lebensnotwendiger Energie. Im Chinesischen werden Lebenskraft und Atem oft durch dasselbe Schriftzeichen dargestellt. Sorgen Sie dafür, dass Sie tief einatmen und dabei ausreichend Sauerstoff aufnehmen. Wer unter Druck steht, neigt dazu, flach und schnell zu atmen, nur den oberen Teil seiner Lungen zu gebrauchen. Dadurch wird weniger Sauerstoff und auch weniger Energie aufgenommen. Bei der vollen Atmung werden Brust und vor allem auch der Bauch gefüllt. Tief und kräftig wird Luft geholt, diese ein paar Sekunden angehalten und danach ruhig und gleichmäßig wieder ausgeatmet. Shi Xinggui, ein Shaolin Mönch, ist ein sehr guter Freund, mit dem ich sehr gerne trainiere. Er meint: „Die bewusste, tiefe, natürliche Atmung bringt dich ganz ins Hier und Jetzt. Bewusstes Atmen lässt den Schwerpunkt der Aufmerksamkeit aus dem Kopf in den Bauch sinken. Versuche einmal, bewusst tief, ruhig und sanft in den Bauch zu atmen und dabei ein intellektuelles Gespräch zu führen. Es wird dir nicht gelingen!“

- **Yoga** ist viel mehr als nur Bewegungsübungen auf einer weichen Unterlage. Das Wort leitet sich vom Sanskrit-Wort yuga ab, was Verbindung, Joch oder „Anspannung des Körpers an die Seele zur Sammlung und Konzentration“ übersetzt werden kann. Als Yoga wird jener innere Zustand bezeichnet, in dem die seelisch-geistigen Vorgänge zur Ruhe kommen, in dem Körper, Geist und Seele in Einheit und Harmonie sind.

- **Qi Gong** setzt sich aus den beiden chinesischen Schriftzeichen Qi = Lebenskraft und Gong = Arbeit zusammen. Damit wird die Arbeit mit der Lebenskraft bezeichnet. Shi Xinggui meint dazu: „Nach chinesischem Verständnis lebt im Qi eine kosmische Intelligenz. Sie lebt in allem, was natürlich existiert – sei es Mensch, Tier, Pflanze oder Mineral. Nur ihr Schwingungszustand ändert sich je nach Erscheinungsform."

  Durch sein Verhalten kann der Mensch auf das Qi einwirken und dadurch seine körperliche und geistige Gesundheit unterstützen. Dies geschieht durch
  - bestimmte Körperhaltungen
  - bestimmte Bewegungsabläufe
  - spezielle Atemtechniken
  - Meditation
  - absichtliche Steuerung der Energie durch Gedankenkraft

- **Tai Chi** ist eine Form der Kampfkunst und wird auch als Schattenboxen bezeichnet. „Das Starke und Harte wird durch das Schwache und Weiche überwunden", lautet ein zugrunde liegendes Prinzip. Ergebnis sind Bewegungsabfolgen, die langsam und schnell, sanft und energisch sein können und einen ästhetischen Fluss von Rhythmus und Harmonie darstellen, bei dem Konzentration auf das Hier und Jetzt besonders wichtig ist, wenn die Übungen gelingen sollen.

  Ich mache meine Übungen regelmäßig seit über zehn Jahren und muss gestehen, dass sie mir nur sehr selten fehlerfrei gelungen sind. Denn wenn der Kopf nicht frei ist, wenn die Gedanken nicht voll bei der Sache sind, schleichen sich kleine Fehler ein, die Außenstehende vielleicht gar nicht merken, die aber mir deutlich machen, dass Körper, Geist und Seele nicht im Einklang waren.

- **Pilates** ist ein systematisches, ganzheitliches Körpertraining zur Kräftigung der Muskulatur, das Kraftübungen, Stretching und bewusste Atmung umfasst.

- **Sportliche Betätigung** und Bewegung sind wichtig, um das Herz-Kreislaufsystem in Schwung zu bringen, um die Kondition und die Widerstandskraft zu stärken, um das Körperbewusstsein zu erhöhen und um einen Ausgleich zu geistiger Betätigung zu erleben. Ehrgeiz und Ziele sind wichtig, doch sollte die Leistungssteigerung immer angemessen sein, um nicht neben dem beruflichen Stress einen krank machenden Freizeitstress zu erleben. Es kommt auch auf die richtige Herzfrequenz an, über die zahlreiche Fachbücher von kompetenten Autoren geschrieben worden sind.

- **Meditation** bringt das Bewusstsein durch bestimmte Techniken in einen Zwischenzustand, bei dem Leere entstehen kann. Der Körper entspannt sich, mit dem körperlichen Loslassen geht auch das geistige Loslassen einher. Für eine bestimmte Zeit sind wir frei von belastenden Gedanken und konzentrieren uns auf das Nichts.

- **Kreativität** ist das Ausleben der schöpferischen Kräfte, der Phantasie und der Talente. Malerei, Schreiben, Musik, Handwerken, plastisches Arbeiten sind unterschiedliche Ausdrucksformen der inneren Schaffenskraft. Wer von der Muse geküsst wird, vergisst Zeit und Raum und drängt nach Verwirklichung seiner Fähigkeiten. Dabei kommt den expressionistischen Fähigkeiten besondere Bedeutung zu, dem Ausdruck der inneren Befindlichkeiten, die ein Ausgleich zu Druck und zur Anspannung sein können.

- **Gehirntraining** gleicht die Beanspruchung der beiden Gehirnhälften wieder aus. Die meisten Menschen werden sehr stark von der linken, der rationalen Hirnhälfte gesteuert, vom Verstand geleitet. Oft kommen dabei die emotionalen Fähigkeiten zu kurz, ja, es kann sogar zu starken Defiziten und nachhaltigen Verkümmerungen kommen. Spezielle Übungen helfen, die linke und rechte Gehirnhälfte zu aktivieren, gleichzeitig anzusprechen und gezielt zu stimulieren. Solche Übungen machen auch großen Spaß und sind von Menschen aller Altersstufen anwendbar.

- **Humor** ist bekanntlich, wenn man trotzdem lacht. Dem schließt sich auch Herbert Freudenberger an, wenn er meint: „Behalten Sie Ihren Sinn für Humor! Bringen Sie Momente der Freude und des Glücks in Ihr Leben. Das sind die allerbesten Mittel gegen Burnout." In der Praxis leichter gesagt als getan, vor allem dann, wenn man glaubt, nichts mehr zu lachen zu haben.
  Werner Brix hat aus seiner eigenen Betroffenheit das Kabarett-Programm „Brix allein im Megaplexx" geschrieben, das 2005 mit dem begehrten Salzburger Stier ausgezeichnet worden ist: Sein Tagesablauf ist ein einziger Terminkoller. Seine Hose ist nass. Der Lieferant liefert nie termingerecht, Mutter und Ehefrau machen Telefonterror, der Angestellte ist am Computer eine Null... und dann muss auch noch die Tochter in die Ballettstunde...

  Werner Brix, alias gestresster Workaholic, fühlt sich dennoch irgendwie „geil", beflügelt, beschleunigt. In seinem Leben gehen sich zwar nur 1,24 Pinkelpausen pro Tag aus, aber die sind terminlich effizient im Communicator festgehalten. „Ich disponiere schlecht, deshalb schiff ich mich an." Was sein Psychologe dazu sagt? Nicht viel, denn der kommt nicht zu Wort. „Brix allein im Megaplexx" ist eine wegen akuter Zeitnot rasant durchlaufene therapeutische Sitzung. Auf die Schaufel genommen wird alles, was Hast und Eile hat. Nur nicht runter vom Gas! Kurz gesagt: Tempo ist die Brix'sche Lebensphilosophie.

Wichtig ist, dass alle ausgleichenden Aktivitäten Freude bereiten, denn wenn daraus eine lästige Pflicht wird, tritt nicht der erwünschte Effekt ein. Für mich als Coach ist es wichtig, dass ich eine Möglichkeiten-Palette für die Probebühne der KundInnen anbiete, die angenommen oder auch abgelehnt werden kann. Vielleicht haben meine KundInnen ganz andere Interessen – der eine sammelt lieber Briefmarken, die andere strickt oder häkelt. Ich entspanne mich sehr gern beim Bügeln. Der Fernseher läuft dabei als notwendiges Beiwerk, doch die Gedanken schweifen ganz weit ab.

Trauma

Solche Verletzungen können sowohl körperlich als auch seelisch sein und erfüllen folgende Kriterien:

Die traumatisierte Person war Opfer oder Zeuge eines Ereignisses, bei dem das eigene Leben oder das Leben einer anderen Person bedroht war bzw. eine ernsthafte Verletzung die Folge war.

Damit verbunden sind intensive Gefühle wie Angst, Hilflosigkeit oder Entsetzen.

Im Buch „Trauma – Folgen erkennen, überwinden und an ihnen wachsen“ schreibt Luise Reddemann: „Ihr Körper braucht Bewegung ... Vielleicht braucht Ihr Körper Ruhe. Das ist oft erst dann möglich, wenn er sich ausreichend bewegen konnte ... Das Wichtigste ist vermutlich, dass Sie etwas tun ... Wenn Sie es herausgefunden haben: Tun Sie es, und wenn es Freude macht, tun Sie es oft.“

Es ist nicht nur die Energie, die Burnout-Opfern verloren geht, sondern auch die Freude. Daran sollte besonders gearbeitet werden. Harald ist antriebslos, Jürgen ist wiederum getrieben und Sissy ist enttäuscht. Allen dreien fehlt die Lebensfreude, die auch Zeiten mit größeren Belastungen gut ertragen lässt. Ich nehme mir vor, sie beim Finden der Lebensfreude ganz besonders zu unterstützen.

IX.

Die Begegnung mit Harald ist heute anders, irgendwie vertrauter, näher, persönlicher. Liegt es an mir und meiner intensiven Auseinandersetzung mit seiner Person, weil mich Burnout derzeit besonders interessiert, oder ist auch bei ihm eine Veränderung wahrnehmbar?

Er ist noch immer sehr still, vermittelt aber den Eindruck, dass er weniger leide. Besser könne er noch nicht schlafen, dafür aber öfter am Tag. Das Durchschlafen in der Nacht fällt ihm nach wie vor schwer. Wenn er rund um Mitternacht ins Bett geht, dann schreckt er zwischen drei und vier Uhr Früh wieder hoch. Manchmal aus einem Traum, der immer wieder kehrt: Er ist völlig erschöpft und freut sich auf das Schlafen. Die Augen fallen ihm zu, plötzlich läutet das Telefon und ein Kunde will etwas von ihm. Sein Herz beginnt zu rasen, er will aufspringen und hat dabei das schlechte Gewissen, weil er eingeschlafen ist ...

Schweißgebadet steht Harald dann auf, wechselt das T-Shirt und setzt sich vor den Fernseher. Er zappt durch die Sender, wird müde und später irgendwann von seiner Frau aufgeweckt und wieder ins Bett geholt, wo er sich bis zum Aufstehen schlaflos herumwälzt.

Solche unruhigen Nächte hinterlassen Spuren. Er ist blass, die Haut ist wächsern grau. Ich habe den Eindruck, dass er weiter zugenommen hat, was Harald auch bestätigt. Ständig würde er dies und jenes naschen, und zu den Mahlzeiten hätte er dann keinen Appetit mehr, dafür aber zwischendurch. Früher hat er gefrühstückt und dann wieder am Abend zu Hause gegessen, jetzt isst er dauernd und nie wirklich eine ordentliche Mahlzeit. Er fühlt sich träge, weiterhin antriebslos und müde, obwohl er derzeit nichts arbeitet.

Seiner Frau hat er nichts vom Krankenstand erzählt, sondern von ein paar Wochen Zusatzurlaub, weil er vorher so hart gearbeitet hat. Den bekäme nicht jeder, sondern nur die Besten des Teamwettbewerbes. Und er wäre einer davon. Harald meint, dass ihm seine Frau glaubt. Ich frage mich, wie lange noch und stelle ihm diese Frage in einem Meta-Dialog im Konjunktiv: „Wenn ich Ihre Frau wäre, würde ich mich fragen, wie lang das Telekommunikationsunternehmen auf so einen guten Mitarbeiter wie Sie noch verzichten kann?“

Harald sieht mich an, doch er antwortet nicht.

„Irgendwie glaube ich, dass Frauen ein gutes Gefühl für Sicherheit haben. Und der Mann zu Hause würde mich unsicher machen. Hat man ihn am Ende entlassen? würde ich mich fragen. Kann unsere Existenz darunter leiden? würde ich mir Sorgen machen."

Meta-Dialog
Dabei reflektiert der Coach öffentlich über den zuvor abgelaufenen Dialog mit dem/r KundIn. Der Coach stellt (sich) Fragen, äußert Zweifel und Hintergedanken, bringt Assoziationen, blickt auf Kehrseiten, stellt seine eigenen (Vor-)Urteile durch konjunktivistische Formulierungen in Frage. Der/die KundIn hört zu und erhält neue Impulse. So wird eine Möglichkeit zu einer etwas abgefederten Ko-Konstruktion geboten.

Harald setzt zu einer Antwort an, macht den offenen Mund aber wieder zu.

„Ich würde denken, Harald verheimlicht mir etwas. Doch weil er der Mann ist, den ich liebe, würde ich ihn offen fragen. Was würde Harald dann antworten?"

Ängstlich und verstört blickt mich Harald jetzt an. „Was soll ich bloß machen?"

„Wie wäre es mit dem, womit Sie sich besser, womit Sie sich erleichtert fühlen?"

„Ich will ihr nichts verheimlichen, aber ... ich weiß nicht ..."

„Wie heißt Ihre Frau?"

„Margit."

„Was würde Margit sagen, wenn Sie ihr offen sagen, dass Sie so hart gearbeitet haben, dass Sie jetzt eine Erholungspause benötigen."

„Sie würde sagen, dass sie das schon lange und immer und immer wieder gesagt habe, doch ich hätte ihr nicht glauben wollen."

„Da haben Sie aber eine sehr feinfühlige Frau, auf die Sie stolz sein können."

„Meinen Sie ...?"

„Na und ob. Nicht jeder hat eine Frau, die so gut auf ihren Mann achtet. Und deshalb glaube ich auch, dass sie Verständnis haben wird."

„Ich glaube, sie wird froh sein, dass der Druck draußen ist. Sie hat schon lange darunter gelitten."

„Wie fühlt sich denn das an, wenn der Druck draußen ist?"

„Einerseits gut, weil die Last weggefallen ist. Andererseits komme ich mir wie ein Versager vor, der auf der Strecke geblieben ist."

„Sind Sie ein Sportler?"

„Früher mal, heute komme ich kaum noch dazu."

„Aber das Herz eines Sportlers haben Sie immer noch. Denn ich möchte Ihnen von einem jungen Mann erzählen, der bei einem Ironman-Bewerb mitmachen wollte und mühsam Sponsoren akquiriert hat. Als er das Geld beisammen hatte, ist er in die USA geflogen. Laufen, schwimmen Rad fahren ... Doch er ist nicht ins Ziel gekommen. Beim Radfahren hat er sich eine Oberschenkelzerrung geholt und musste fünf Kilometer vor dem Ziel verletzt aufgeben. Stellen Sie sich vor, nur fünf Kilometer vor dem Ziel ... Er hat sich wie ein Versager gefühlt, hatte Angst, zurück nach Österreich zu kommen."

„Das kann ich sehr gut verstehen."

„Die größte Angst hatte er vor seinen Sponsoren, denn er hat das Ziel ja nicht erreicht. Er glaubte, dass sie ihr Geld beim Fenster hinaus geworfen hätten. Was meinen Sie, wie war wohl die Begegnung mit ihnen?"

„Ich stelle sie mir sehr peinlich vor."

„Nun, am Anfang waren alle ganz ruhig, doch dann haben sie zu applaudieren begonnen."

„Warum denn das?"

„Weil der Triathlet bis zu seiner Verletzung über zwei Minuten schneller als im Vorjahr unterwegs gewesen ist. Er hat bewiesen, dass er gut trainiert hat, dass er eine sehr gute Leistung gebracht hat. Das war eine Erfolgsstory, über die auch die Medien berichteten – mit Fotos, auf denen die Firmenlogos gut zu sehen waren."

„Wirklich ..." Harald blickt nachdenklich.

„Wirklich. Und dazu fällt mir noch eine Textzeile aus dem Lied „Ikarus" ein, in dem es heißt, 'Nicht das Gewinnen, nur der Versuch zählt am Schluss'."

„Nur der Versuch ..."

„Ja, nur der Versuch. Was würden Sie denn gerne versuchen?" Ich finde wieder den Anschluss in den Coaching-Prozess.

„Wenn Sie mich so spontan fragen, dann fallen mir zwei Dinge ein: mein Studium beenden und wieder körperlich fit werden."

„Das sind sehr schöne Ziele. Was brauchten Sie dafür, um diese zu erreichen?"

„Fürs Studium Zeit, Geld und Kraft, die mir derzeit fehlt."

„Und für die Fitness?"

„Regelmäßiges Training, so wie ich es früher gemacht habe, als ich mich auf den Wien-Marathon vorbereitet habe."

„Wirklich, Sie sind ein Marathonläufer?"

„Eher ein Mitläufer, aber meine Zeit war gar nicht so schlecht."

„Wie lange haben Sie für die Strecke gebraucht?"

„3 Stunden 44 Minuten war meine Bestzeit."

„Was, unter vier Stunden? Na, da waren Sie sehr gut in Form. Gratulation!"

Jetzt muss Harald stolz lächeln.

„Haben Sie vielleicht ein neues Laufziel, ein kleineres zum Aufwärmen?"

„Wieder mal 10 Kilometer durchlaufen können, das wäre für den Anfang schon genug."

„Das ist auch eine ordentliche Strecke. Bis wann könnten Sie diese Distanz so schaffen, dass Sie ohne Probleme ankommen?"

„Ich weiß nicht, was ich jetzt im Moment schaffe, doch können es nicht mehr als drei, vier Kilometer sein. Bestenfalls ..." Harald denkt nach, und ich lasse ihm die Zeit. „So in sechs Wochen könnte ich es schon schaffen."

„Und was brauchten Sie, um es tatsächlich zu schaffen?"

„Was ich brauche? Einen Trainingsplan, so wie ich ihn früher hatte. Anfangs drei Mal die Woche laufen – darunter ein längerer Lauf. Jetzt werde ich wahrscheinlich mit einer Drei-Kilometer-Runde beginnen müssen und mich allmählich steigern. Ab der dritten Woche dann vier Mal die Woche – vielleicht schaffe ich dann schon mal die sieben Kilometer. Früher bin ich täglich gelaufen, doch das hat mir nicht gut getan. Zwei Erholungstage brauche ich. Ja, und so in der fünften Woche sollten sich die zehn Kilometer das erste Mal ausgehen. Und nach sechs Wochen sind sie kein Problem mehr." Harald ist jetzt voller Begeisterung.

„Wäre das Laufen für Sie eine Freude oder ein körperlicher Stressfaktor?"

„Nein, Laufen ist nie Stress für mich gewesen. Ich laufe auch ohne Uhr und nur mein eigenes Tempo. Beim Laufen bin ich Herr und eins mit meinem Körper."

„Das klingt doch sehr gut. Würden Sie fürs Laufen noch etwas benötigen? Sie sind ja schon ein Routinier."

„Ein Lauf-Tagebuch! Irgendwo muss noch mein altes sein ..." Harald hält inne. „Nein, das will ich nicht, weil da ja all die langen Strecken und guten Zeiten von früher drinnen stehen. Das will ich nicht! Jetzt nicht!"

„Was wollen Sie stattdessen?" Ich muss aufpassen, dass er nicht wieder in Angst verfällt und in die Passivität abgleitet.

„Ich werde ein neues Laufbuch anlegen. Und vielleicht später, wenn die Form wieder stimmt, das alte weiter führen."
Harald hat die Begeisterung nicht verloren, das will ich nützen: „Und wenn Sie wieder in Form sind, hätten Sie dann genug Kraft, um an Ihr Studium zu denken?"

„Daran werde ich sicher auch dazwischen denken. Ich Depp habe es hingeschmissen, weil ich damit meinen Vater ärgern wollte. Das ist mir in meiner Therapie deutlich geworden. Es geht ja nicht mehr um meinen Vater, sondern um mich!"

„Da haben Sie Recht, es geht um Sie. Wie gut schauen Sie denn derzeit auf sich? Auf einer Skala ist 1 sehr gut und 10 ganz schlecht."

„Derzeit schaue ich nicht sehr gut auf mich. Ich esse und rauche auch zu viel."

„Welcher Wert wäre denn passend?"

Erfolg im Coaching

Der/die KundIn bleibt von Beginn an bis zum Ende der Sitzung im Zentrum. Erfolge schreibt der Coach in anerkennender Weise immer wieder dem/der KundIn zu.

Anerkennung holt sich der Coach in der Supervision oder im Kollegenkreis.

„Jetzt? 7 oder 8."

„Mhm, hat sich dieser Wert schon ein wenig verbessert?"

„Als ich zu Ihnen gekommen bin, war ich bestenfalls bei 9."

„Wirklich? Da haben Sie schon viel an sich gearbeitet. Gratulation."

„Na, so besonders ist das nicht."

„Immerhin 10 bis 20 Prozent Verbesserung."

„Tatsächlich." Harald huscht ein kleines Lächeln über das Gesicht, er freut sich über diesen ersten Erfolg.

„Wo werden Sie denn sein, wenn Sie die zehn Kilometer problemlos durchlaufen werden?"

„Da wäre ich durchschnittlich in Form, also bei fünf."

„Also noch so eine Verbesserung wie bisher?"

„Ach ja, wirklich. Ja, das würde gut passen."

Ich habe ihm die Skala aufgezeichnet und gebe ihm das Blatt in die Hand. Schweigend sieht er es sich an, und ich vermute, er denkt, wie es sein wird, wenn er bei Fünf angekommen sein wird. Als er es wieder weglegt, möchte ich wissen, ob er mit einer besseren Fitness wieder an seinen Job denken könnte?"

„An meinen Job?" Harald wirkt überrascht. „Daran habe ich jetzt wirklich nicht gedacht. An meinen Job ...?" Er schüttelt den Kopf. Auch wenn er auf den ersten Blick nicht so wirkt, so glaube ich doch, dass ihm der Krankenstand gut tut, denn jetzt kann er einmal von der Firma abschalten. Das gelingt ihm, denn sonst hätte er nicht so erstaunt reagiert. Ich frage ihn, ob wir an dieser Stelle für heute enden können.

Ende des Coaching

Das Ende einer Coaching-Stunde erfolgt zum einen mit dem Ablauf des vereinbarten Zeitrahmens, zum anderen, wenn der Coach in empathischer Weise das Ende des Prozesses für angemessen hält und den Abschluss nicht abrupt, sondern in Prozess abrundender Weise – nicht als „Schluss-Ansage", sondern als „Schluss-Angebot" – eingeleitet hat.

„Ich denke schon, denn sonst bekommen wir womöglich noch Seitenstechen."

„Nach so einer sportlichen Coaching-Stunde würde mich das nicht wundern."

Wir lachen, und die Erleichterung ist uns beiden spürbar. Harald ist in dieser Stunde aufgeblüht. Stand zu Beginn die Schlaflosigkeit im Mittelpunkt, so war das Gespräch über das Laufen ein sehr wichtiger Energiespender. Von einer guten Coaching-Stunde ausgehend möchte ich noch keine Verallgemeinerungen vornehmen, doch habe ich das gute Gefühl, dass sich Harald zu entwickeln beginnt, aus der Passivität in die Aktivität wechselt. Und die Kombination mit seinen psychotherapeutischen Sitzungen scheint zu wirken. Die Coachingstunde habe ich als emotional berührend erlebt, doch ist es mir gut gelungen, sicher auf meinem Coaching-Stuhl zu bleiben.

X.

Heute habe ich ein großes Kuvert von Professor Lalouschek erhalten, darin das versprochene Manuskript von Dorothee Rathjen.

Ich nehme die Blätter heraus und beginne zu lesen:

Wie kommt es zu einem Burnout?

Wer ausbrennt, so legt das plastische Bild des Begriffes nahe, den hat vorher ein zündender Funke zum Brennen gebracht, und er/sie hat entschieden, alles zu geben, was er/sie hat – im Gegensatz zum „Dauerbrenner" ist jedoch die Energiezufuhr irgendwann ausgegangen. Was bringt uns nun dazu, unsere Ressourcen aufzubrauchen, ohne dass rechtzeitig und ausreichend für Nachschub gesorgt ist?

Matthias Burisch unterscheidet in Anlehnung an frühere Forscher (Maslach, Freudenberger und H. Fischer) zwei „Typen" des Burnout-Gefährdeten: Den „Selbstverbrenner" als Menschen, der zu sich selbst nicht „nein" sagen kann. Der Ziele verfolgt und diese nach den eigenen Vorstellungen und Ansprüchen erreichen, aber genauso wenig aufgeben kann. Und den „Verschlissenen", dem es schwer fällt, zu seinem fordernden Umfeld „nein" zu sagen, der aber, nach Wegfall der Anforderungen von außen, auch weniger tun würde.

Es ist fraglich, ob diese Unterscheidung tatsächlich in dieser „Dichotomie" - in dieser klaren Trennung - hält, wichtig scheint es jedoch, in Bezug auf die Prävention und die Behandlung im Auge zu behalten, dass es Menschen gibt, deren Umfeld durch besondere Belastungen geprägt ist – zum Beispiel Arbeitsüberlastung bei gleichzeitiger Jobunsicherheit und Pflege von Angehörigen – die, sollte die Belastung von außen wegfallen, ihr Arbeitstempo und Leistungsmaß sofort den inneren Bedürfnissen anpassen würden, während andere, kaum sind sie der eigenen Belastung ledig, sich mit brennendem Eifer auf die nächste stürzen, ohne Rücksicht auf die eigenen Ressourcen.

Sowohl innere als auch äußere Rahmenbedingungen dürften hier also eine entscheidende Rolle spielen. Zu den inneren Risikofaktoren zählen unter anderem:

- (unrealistisch) hohe Leistungsansprüche und Ziele
- Idealisierung der Arbeit
- ungünstiges Bewältigungsverhalten in Stresssituationen (emotionales Coping; Schwierigkeit, Grenzen zu setzen)
- geringes Selbstwertgefühl

Zur Entstehungsgeschichte solcher innerer „Rahmenbedingungen" gibt es, je nach schulenspezifischem Zugang, unterschiedliche Erklärungsmodelle:

Allem voran scheint sich sehr häufig aus frühen Interaktionen und Lernerfahrungen die Überzeugung zu entwickeln, dass Anerkennung und Liebe nur durch Leistung zu erreichen ist. Von Burnout Betroffene formulieren ihre innere Haltung oft so: „Nur wenn ich leistungsstark, autonom und unabhängig bin, habe ich das Gefühl, etwas wert zu sein."

Dabei erfährt die Idee des Selbstausdrucks in kreativer Handlung – ich setze mein Potenzial kreativ um und bringe es für mich sinnvoll und fruchtbringend ein – früh eine Umwandlung in eine gesellschaftlich und familiär geprägte und eng definierte Vorstellung von Leistung. Diese an Leistung gebundenen Werte und Ziele werden dann entweder unhinterfragt mit ins Erwachsenenleben genommen – Leistung bedeutet dann zum Beispiel, den Betrieb des Vaters weiterzuführen, den Wunschberuf der Mutter auszuüben, Auszeichnungen von anderen zu erhalten, materiellen Erfolg, beruflichen Aufstieg, Selbstlosigkeit im Umgang mit KlientInnen ... kurz, den Erwartungen zu entsprechen – oder bleiben im Laufe des Ablösungsprozesses im „Protestverhalten" stecken: Ich will nie so arm sein ... werde um jeden Preis Erfolg haben, nie so abhängig werden, es ihnen beweisen, dass ich es kann ...

Emotionales Coping

Enttäuscht, entmutigt und ohne für sie erkennbare Alternative geben Menschen ihre Erwartungen auf und verringern ihre Bemühungen, sich ihrer Gesundheit förderlich zu verhalten. Sie glauben nicht daran, ihren Gesundheitszustand verbessern zu können und verhalten sich – wenn überhaupt – nur unregelmäßig und inkonsequent entsprechend.

Vgl.: Problembezogenes Coping: Konstruktive Anpassung der Erwartungen.

„Mein Vater – selbst sehr erfolgreich – hat mir immer gesagt, aus mir wird nix werden, ich bin offensichtlich zu dumm für das Gymnasium. Irgendwann hab ich dann beschlossen, dass ich es ihm beweisen werde, dass er Unrecht hat und dass ich einmal mehr verdienen werde als er." Der Klient hat seine Lehre mit Auszeichnung bestanden, war mit 21 Jahren bereits Führungskraft, mit 25 Prokurist und konnte zu seiner großen Befriedigung mit 30 Jahren seinen ersten Porsche kaufen als Beweis für den materiellen Erfolg nach außen.

Leistung wird dabei in der Regel mit der Idee von Perfektion verbunden, wobei gleichzeitig gelernt wird, den Aufmerksamkeitsfokus auf die Dinge zu richten, die nicht gelingen bzw. noch besser gemacht werden können: „Nur dann, wenn ich das perfekt mache, kann ich sicher sein, geliebt zu werden, etwas wert zu sein." Nachdem Perfektion nur ein Ideal ist, das im menschlichen Leben kaum erreichbar scheint, können sogar Höchstleistungen als Erfolge kaum wahrgenommen bzw. als Quelle der Selbststärkung genutzt werden – umso mehr zählt jeder Fehler. Dies führt dazu, dass der eigene Selbstwert sehr labil und angreifbar bleibt. Es ist eines der durchgängigsten Merkmale, dass das Selbstbild und das Fremdbild in Bezug auf die Leistungen dieser Menschen später auseinanderklaffen. Als Manager, Top-Leistungsträger, Spitzensportler oder Rund-um-die-Uhr-im-Einsatz-für-andere-Befindliche haben sie immer noch das Gefühl, nicht genug zu tun. Jedes noch so kleine Nachlassen von dem unter Aufbietung aller Kräfte gehaltenen Leistungsniveau bedroht das Selbstwertgefühl massiv. Hat sich eine solche Überzeugung früh genug gebildet, so fällt es wahrscheinlich schon in unserem fehlerbetonenden Schulsystem schwer, korrigierende Erfahrungen zu machen, die diese Komplexitätsreduktion aufheben könnte.

Den Aspekt des labilen Selbstwertgefühls greifen Fischer und Burisch in ihren Beschreibungen besonders heraus. Fischer (1983) leitet daraus sogar den Unterschied zwischen „burned out" und „worn out" ab: Worn out sind demnach Personen, die sich aufgrund des Arbeitssettings bzw. einer kontinuierlich zu hohen Arbeitsmenge erschöpfen, denen es schwer fällt, zu ihrem fordernden Umfeld „nein" zu sagen, sobald die Anforderungen von außen jedoch wegfallen, auch weniger tun würden, während die wahren Burnout-Opfer Menschen sind, die zu sich selbst nicht „nein" sagen können und damit „an sich selbst verbrennen". „Es handelt sich um Menschen, die im Grunde ein sehr labiles Selbstwertgefühl haben und deshalb über den Weg der Hilfeleistung ihren Selbstwert stabilisieren. Alles, was diesen Erfolg schmälern könnte, werde mit noch mehr Arbeit beantwortet: Es scheint so, dass Menschen, wenn sie eine Wahl treffen müssten, häufig ihr Selbstwertgefühl höher als ihre physische Existenz bewerteten."

Die Idee der Autonomie erfährt eine Einengung in der fest etablierten Überzeugung, alles allein schaffen zu müssen bzw. sich nur auf sich selbst verlassen zu können. Um Hilfe zu bitten bzw. diese anzunehmen bleibt als Strategie unterentwickelt. Blickt man in die Familiengeschichte, findet man häufig sehr früh emotionale Überforderungssituationen, sei es, dass die Betroffenen früh Verantwortung übernehmen mussten, da das Familiensystem überlastet war, sei es, dass sie viel allein gelassen wurden in der Bewältigung von Herausforderungen und Forderungen seitens der Umwelt. Es ist zu vermuten, dass hier schon sehr früh interaktionelle Muster greifen, indem zum Beispiel leistungsorientierte Eltern gerade ihre begabten und schnell selbstständigen Kinder etwa fordern, ohne auf mögliche Überforderungen zu achten. Die Kinder wiederum lernen, sich Zuwendungen zu sichern, indem sie nach Möglichkeit alle Erwartungen erfüllen. Oder dass Überforderung und Hilfsbedürftigkeit mit Liebesentzug oder Zusammenbruch des Umfelds beantwortet werden. Ähnliche Muster finden sich im späteren Berufsleben wieder:

„Die einzige Möglichkeit, positive Aufmerksamkeit und so etwas wie Lob von meinen Eltern zu ergattern, war, in der Schule außergewöhnlich gute Noten zu bekommen." (Peter H.)

„Ich konnte, kurz, bevor ich in die Schule gekommen bin, nachts nicht einschlafen vor Angst, da ich doch noch nicht lesen und schreiben konnte – dass ich das dort erst lernen durfte, kam mir gar nicht in den Sinn." (Christa F.)

„Durch die Abwesenheit meines Vaters und die Überforderung meiner Mutter mit den zwei Kleinen habe ich schnell gelernt, Verantwortung zu übernehmen. Sie war stolz, einen so selbstständigen und erwachsenen Sohn zu haben." (Roman S.)

In dem Versuch, diesen inneren und äußeren Leistungsansprüchen gerecht zu werden, werden Signale, die der Körper oder die Psyche in Bezug auf Überforderung senden, schnell als bedrohlich, störend oder lästig erlebt bzw. höchstens als noch zu behebende Schwäche interpretiert. Möglicherweise wurde auch nie gelernt, diese Signale entsprechend einzuordnen und als handlungsrelevant zu erachten: Müdigkeit heißt nicht „Ausruhen angesagt", sondern „Kaffee trinken"; beginnende Konzentrationsschwierigkeiten heißen nicht „Pause", sondern „länger arbeiten".

Oder anders ausgedrückt: Wer früh lernt, dass die eigene Bedarfsdeckung (Anerkennung, Wertschätzung, Zuneigung) durch das Wahrnehmen und Kommunizieren von Grenzen gefährdet ist, wird diese so lange wie möglich ignorieren.

„Ich war diejenige in der Schule, die immer eingesprungen ist, wenn eine Kollegin krank wurde, die man immer auch noch kurzfristig anrufen konnte. Ich glaube, der Direktor war froh, mich zu haben, auch wenn er es nie gesagt hat. Aber als er dann selbst für ein halbes Jahr ausgefallen ist, wurde ich gebeten, die Stellvertretung zu übernehmen. Ich habe mich etwas gefürchtet, mich aber auch sehr geehrt gefühlt – und ich wollte ihn nicht enttäuschen. Gleichzeitig wollte ich nicht, dass die Schüler darunter leiden, dass ich weniger Zeit für die Vorbereitung hatte, mir hat ja die Arbeit mit ihnen so viel Spaß gemacht. Am Nachmittag hatte ich oft noch meine Mutter zu versorgen, so dass ich oft bis spät in die Nacht hinein gearbeitet habe. Um körperlich was für mich zu tun, bin ich dann oft um fünf Uhr aufgestanden und in der Früh noch eine Stunde schwimmen gegangen. Dass ich nicht mehr kann, habe ich erst bemerkt, als ich am Lehrerpult saß und nicht mehr wusste, was in der letzten Viertelstunde passiert ist." (Anke P.)

Die Rolle, die Ziele und die Erwartungen in der Burnout-Entstehung zu spielen scheinen, lässt die Frage nach dem Umgang mit der Lebensplanung und der darin enthaltenen Sinnstruktur als wesentlichen Anknüpfungspunkt erscheinen. Arbeit bzw. das Betätigungsfeld werden in dieser Dynamik nicht nur zum wichtigsten

Bezugspunkt und Quelle für Leistung und Anerkennung, sondern auch für den Sinnbezug.

In Bezug auf die Bedeutung von Arbeit ist es in den letzten Jahrzehnten, so die arbeitspsychologische Forschung, zu einem Wertewandel gekommen: Die Werte, die dem menschlichen Handeln zugrunde liegen, werden pluralistischer, die Lebenskonzepte flexibler. Auf den Lebensbereich Arbeit bezogen heißt das: Waren früher „Fügsamkeit" und „Pflichterfüllung" Werte, die handlungsleitend waren, werden heute „Selbstentfaltungsbedürfnisse" geltend gemacht. Pflicht- und Akzeptanzwerte werden zu Selbstentfaltungswerten ... der Wert Arbeit wird zwar unter andere Werte subsumiert, aber zugleich steigen die Erwartungen an die inhaltlichen und formalen Aspekte des Arbeitsverhältnisses. Werden diese nicht erfüllt, kann dadurch Burnout gefördert werden." (Semmer & Udris, 1993, zitiert nach Kernen, 1997, S 26).

Oder anders ausgedrückt: Als Kinder der 68er-Generation tragen viele von uns die Idee in sich, das eigene Arbeitsumfeld müsse die Möglichkeit zur Selbstentfaltung und Selbstverwirklichung gewährleisten, was dieses frühe Bedürfnis wie soziale Zugehörigkeit und materielle Sicherheit abgedeckt hat, und das Bedürfnis nach Sinn in der familiären Umgebung bzw. einer Verankerung im Glauben abgedeckt wurde. Ist diese Möglichkeit nicht gegeben, erzeugt dies heute eine innere Spannung, Konflikte und Enttäuschung, was ein hohes Ausmaß an Energie bindet: Ich finde keinen Sinn in dem, was ich tue. Ich habe das Gefühl, nicht alle meine Fähigkeiten einsetzen zu können. Wem es nicht gelingt, dieses Dilemma aufzulösen, indem ein Teil der Energie anderen Feldern möglicher Selbstverwirklichung (soziales Umfeld, Hobbys ...) gewidmet wird, erliegt dem inneren Antrieb, die Arbeit perfekt machen zu müssen, alles geben zu müssen, voll im Tun zu brennen. Die Frustrationstoleranz gegenüber schwierigen Arbeitssituationen wird gering. Die Schärfe dieses inneren Konfliktes kann einen weiteren Grund für Burnout darstellen.

Die beruflichen Aufgaben werden dementsprechend mit hohem Engagement und der Leistungsmotivation erfüllt, es sich selbst und auch den anderen beweisen zu müssen. Die Erfüllungserwartungen werden zunehmend zum persönlichen Lebenssinn.

Diese inneren Rahmenbedingungen ließen sich auf der anderen Seite natürlich bei einer Vielzahl von Menschen finden, ohne dass diese jemals in einen Burnout-ähnlichen Zustand geraten, was die Frage aufwirft, welche weiteren Rahmenbedingungen – gesellschaftlich und auf die Arbeitsstrukturen bezogen – Burnout einladen, fördern und wahrscheinlicher machen?

Ich halte inne, um das Gelesene zu überdenken, mit meinen Erfahrungen zu vergleichen und zu reflektieren. „Die ersten Jahre entscheiden", hat der von mir sehr geschätzte Professor Erwin Ringel eines seiner Bücher genannt. Die Prägung im Kindesalter scheint beim Burnout eine wesentliche Rolle zu spielen. Werden Kinder Opfer unserer Leistungsgesellschaft? Kürzlich habe ich gehört, dass 140.000 Kinder in Österreich Burnout gefährdet sein sollen.

Wenn ich mich an meine Schulzeit zurückerinnere, so kommt mir gleich der Fehlerschlüssel in den Sinn – wer bei einem dreiseitigen Aufsatz sieben Fehler machte, bekam gerade noch ein Genügend. Die vielen anderen, fehlerfreien Wörter fanden keine Beachtung. Die Schulnote wurde zur persönlichen Klassifikation – da gab es die wenigen sehr Guten, etwas mehr Gute, den Großteil in der Befriedigend-Klasse, wechselnde Genügend-Schüler und jene, die nicht genügend waren. Die Schulnoten wurden auch als persönlicher Bewertungsmaßstab herangezogen. „Mit den schlechten Schülern gib dich gar nicht erst ab", wurde nicht nur ich von meiner Mutter gewarnt. Sich seinem Schicksal fügen und dem Notensystem unterwerfen, jetzt-erst-recht denken und ankämpfen oder den Frust irgendwo anders rauslassen, waren die verbreiteten Strategien, die später auch ins Berufsleben mitgenommen worden sind. Burnout hängt somit nicht nur von aktuellen Episoden ab, sondern zu einem großen Teil auch von der prägenden Vorgeschichte der Betroffenen, den inneren Rahmenbedingungen.

Dorothee Rathjen beginnt ihr nächstes Kapitel mit einem Zitat von Elliot Aronson: „Beinahe jeder brennt aus, wenn bestimmte Umweltbedingungen gegeben sind." Darin beschreibt sie die äußeren Auslösebedingungen:

Ulrich Beck formuliert in seiner Darstellung der Risikogesellschaft: „Tradierte Rollen, Milieus, gewachsene soziale Strukturen und Institutionen sowie sinnstiftende Gemeinschaften und Glaubenssysteme, die dem Einzelnen nicht nur Zwänge auferlegen, sondern ihm auch Sicherheit und Orientierung boten, verlieren immer mehr an Bedeutung, der Prozess der viel zitierten Individualisierung von Lebenslagen und Pluralisierung von Lebensstilen und Lebensentwürfen schreitet immer mehr voran. Dadurch nehmen Entscheidungssituationen, Wahlmöglichkeiten und Wahlzwänge für die Individuen zu. Das eröffnet denjenigen, die über die kognitiven Fähigkeiten und die emotionale Stabilität verfügen, neue Chancen und Möglichkeiten, in der Konkurrenz zu bestehen, während die, die dies nicht schaffen, als persönliche Versager dastehen."

Gleichzeitig lassen kulturelle, technische und ökonomische Entwicklungen wie eine zunehmende Reiz- und Informationsüberflutung, steigende Tempoanforderungen und die Entgrenzung von Arbeits- und Privatleben durch neue Arbeitsmodelle die Komplexitäts- und Leistungsanforderungen an das Individuum ständig wachsen. Die einseitige Betonung von Progression und Individualismus als Werte unterstützt die enteigneten Ideen von Autonomie und Leistung als Ausdruck von „ich muss alles allein schaffen" und „ich muss immer besser werden".

Durch die steigenden Anforderungen im Privat- und Arbeitsbereich bleibt auf der anderen Seite immer weniger Zeit für Reflexion und dafür, Ressourcen aufzubauen und zu erhalten.

Besonders bestimmte Qualitäten wie das „Sein ohne Ziel", die Reduktion von Reizen, die Innenschau und die Ruhe fehlen. Unsere Freizeitkultur ist geprägt von entweder weiteren Leistungen im Sport, Hobby und Familie oder von passivem Konsum, der meistens mit weiterer Reizüberflutung verbunden ist (Fernsehen, Computer, Einkaufen etc.).

Unter den aktuellen Burnout-Forschern betonen vor allem Maslach & Leiter sowie Aronson & Pines aus einer organisationspsychologischen Perspektive heraus, dass Burnout nicht im Individuum entsteht, sondern in einer Interaktion mit dem Umfeld.

In einer Reihe groß angelegter Forschungsprojekte gelang es Maslach & Leiter, folgende wesentliche Parameter zu identifizieren, die Burnout in Unternehmen fördern:

- Die Zunahme von Arbeitsüberlastung und Zeitdruck

  Es ist zwar, bedenkt man die Arbeitsstunden, die noch vor 60 Jahren als normal galten, nicht unbedingt die Nettoarbeitszeit gestiegen, wohl aber das Tempo, in dem bestimmte Aufgaben erledigt werden müssen. Multitasking heißt eine der viel geforderten Schlüsselqualifikationen unserer Zeit – Was tun Sie, wenn gleichzeitig drei Telefone klingeln, 50 e-Mails auf Beantwortung warten, das nächste Meeting in zehn Minuten startet und Sie vorher dringend eine Entscheidung treffen müssen, deren Folgen Sie aufgrund fehlender Informationen nur bedingt abschätzen können? Das wirtschaftliche Denken konzentriert sich in vielen Bereichen (mit weit reichenden Folgen) auf immer kürzere Zeitabschnitte (Quartalserfolge ...), was zusätzlich das Gefühl des inneren Zeitdrucks verstärkt.

Im Zuge der Automatisierung werden darüber hinaus Tätigkeiten mit überwiegend geistigem, informativem Charakter immer dominanter, es müssen immer mehr und immer abstraktere Informationen verarbeitet und berücksichtigt werden. Damit steigen die Anforderungen im mentalen Bereich.

Gleichzeitig nehmen Dienstleistungen einen immer höheren Stellenwert ein. Das Herstellen und Aufrechterhalten von Beziehung erfordert emotionale Energien, die uns dann zur Verfügung stehen, wenn unsere Grundbedürfnisse gedeckt sind. Nicht immer ist im Rahmen von Dienstleistungen die Beziehgungsgestaltung auf Gegenseitigkeit ausgelegt, so dass es notwendig ist, andere eigene Quellen zur Verfügung zu halten, um in einem guten Gleichgewicht zu bleiben. Wo haben die eigenen Emotionen Platz?

- Mangel an Kontrolle und Beeinflussungsmöglichkeiten durch starre Strukturen oder „Firmenchaos“ im Sinne unklarer Rollen- und Aufgabendefinitionen bzw. widersprüchlicher Vorgaben

Das Gefühl der zumindest teilweisen Kontrollierbarkeit und Gestaltbarkeit des eigenen Umfelds zählt Aaron Antonovsky zu den wesentlichen Parametern eines von ihm formulierten Gesundheitsmodells (Salutogenese). Dass dies schwerer zu halten ist, wenn äußere Strukturen frustrierend entgegenwirken, liegt auf der Hand. Burnout-Forschungen, die Frustrationserleben bei zu Beginn hohem Idealismus in den Vordergrund rücken, ziehen häufig die geringe Gestaltungsfreiheit und Beeinflussungsmöglichkeiten für Einzelne – das „gegen Mauern rennen“ – als Gründe für die wachsende Unzufriedenheit heran. Besonders häufig beschreiben dies Lehrer, Pflegepersonen bzw. Angestellte des öffentlichen Dienstes.

Das Gegenteil findet sich häufig in Firmen wieder, die durch Umstrukturierungen bzw. Change Prozesse im Rahmen von Fusionen gehen und in denen die Gestaltung des eigenen Umfeldes durch fehlende bzw. noch nicht neu definierte Strukturen erschwert wird.

Vor allem machen unklare Rollendefinitionen und Zielvorgaben erfolgreiches Handeln schwierig. Auf diese Weise bietet sich gerade für Menschen mit sehr hohen inneren Erwartungen und Ansprüchen wenig Möglichkeit, diese an einem Außen zu korrigieren, denn es bleibt immer unklar, ob die Rolle/Funktion zufrieden stellen ausgefüllt wird bzw. Ziele erreicht wurden.

Klare Zielvereinbarungen stellen im Gegenzug einen wichtigen Schutzfaktor vor Burnout seitens des Unternehmens dar.

- **Mangel an Anerkennung und Belohung sowie fehlende Rückmeldung über Erfolg bzw. Misserfolg**

  Fehlen sachbezogene Rückmeldungen zur Zielerreichung und Erfolge sowie Anerkennung von Leistung, nährt dieses das Gefühl von „es nicht genug, nicht gut genug gemacht zu haben", was die Leistungsspirale damit weiter antreibt. Das subjektive Gleichgewicht zwischen Geben und Nehmen gerät damit mehr und mehr aus dem Gleichgewicht. Anerkennung, so zeigen Studien, bezieht sich dabei einerseits auf eine fair erlebte Entlohnung, auf gesellschaftliche Anerkennung – zum Beispiel von sozialen Dienstleistungen – andererseits auf persönlich ausgedrücktes Lob seitens Vorgesetzter, Kollegen und Kunden.

  Interessanterweise – und das bliebe als Hypothese noch zu überprüfen – scheinen besonders Teams, die sehr „beziehungsorientiert" geführt werden und in denen die Anerkennung eher über Ausdruck und Sympathie als über klare Rückmeldungen zu Leistungen erfolgt, Burnout gefährdet zu sein. Möglicherweise erschwert dies die Grenzziehung.

- **Fehlende Gemeinschaft**

  Stabile Beziehungen zu KollegInnen, Austausch und Unterstützung stellen eine wichtige Motivationsgrundlage und Ressource in der Arbeit dar. Konflikte und Mobbing auf der anderen Seite zählen zu den belastendsten und Energie raubendsten Faktoren. Wenn der Arbeitsplatz zur wichtigen Quelle der Bedarfsdeckung geworden ist und es wenig Alternativen zu den Arbeitsbeziehungen gibt, können Konflikte das Gleichgewicht schnell bedrohen.

- **Wertekonflikte: Missverhältnis zwischen Anforderungen der Arbeit und eigenen Prinzipien bzw. unklare Werte seitens der Organisation**

  Mit dem Zerfall des Grundsatzes der Firmenzugehörigkeit fällt es den Menschen zunehmend schwerer, sich mit den Organisationen, in denen sie arbeiten, zu identifizieren. Sie wissen, die beruflichen Beziehungen, die sie eingehen, werden im Regelfall nur von sehr begrenzter Dauer sein. Eine Identifikation nicht über soziale Zugehörigkeit und Werte des Umgangs miteinander, sondern über Inhalte, Ziele und Produkte des Unternehmens wird erschwert, wenn diese nicht transparent formuliert und kommuniziert werden.

Es geht wiederum um die Wertschätzung und die Anerkennung durch andere, aber auch durch sich selbst. Abgrenzen kann sich nur jemand, der weiß, wo sein eigenes Territorium anfängt und wo es endet. Wer das nicht kennt, wird fremde Grenzen bedenkenlos überschreiten oder andere auf sein Gebiet eindringen lassen. Im Coaching gilt der Grundsatz, das Hoheitsgebiet des anderen zu respektieren, nur zu fragen, nicht einzudringen – außer beim Normalisieren und beim Komplimentieren sind Grenzüberschreitungen gestattet.

Wenn der unerträgliche Druck, der beim Burnout von außen und innen entsteht, abgewehrt und positiv bewältigt werden soll, geht es vor allem darum, die Persönlichkeit des Betroffenen zu stärken, sein bzw. ihr „Ich-Original" zu fördern und wachsen zu lassen.

Wie oft orientieren wir uns an anderen Leitbildern, an Vorbildern, an Idolen, an Idealen, die durchaus positive Eigenschaften haben können, doch eines sind sie niemals: Ich. Jeder Mensch ist einzigartig, unverwechselbar und besonders mit all seinen Fähigkeiten und Schwächen, Eigenheiten und typischen Merkmalen. Mein Betriebswirtschaftsprofessor, Dr. Gottfried Theuer, hat gern den Satz zitiert: *„Den Wandrer erkennt man am Gang, den Denker an der Art zu denken"*. Den reifen, selbstbewussten Menschen sollte man an seinem Original erkennen. „Danach sollten wir trachten", hat Hans Tomaschek immer wieder gefordert, „täglich weniger Kopie und mehr Original zu werden." Ich werde ihn besuchen, um über dieses Thema mit ihm zu sprechen.

XI.

„Was ist das Gegenteil von Burnout", fragt mich Hans Tomaschek bei unserer nächsten Begegnung. Diesmal haben wir zwischen zwei Therapiesitzungen eine Stunde Zeit. Nicht viel, um über dieses komplexe Thema zu sprechen.

Burnout-Prophylaxe

- Selbstsorge, verstanden als die Sorge um und für sich selbst.
  Wer sonst soll sich so intensiv um uns kümmern wie wir, die wir uns am nächsten sind.
- Eigen"liebe" und Anerkennung
  Sich annehmen wie wir sind und uns auch die positiven Streicheleinheiten geben, wenn wir diese von anderen nicht erhalten. Weil wir es uns wert sind.
- Kenntnis des eigenen Landes, der eigenen Landkarte
  So oft dringen wir in fremdes Gebiet ein, wo wir so tun, als ob wir uns dort wunderbar zurecht fänden, doch bei unserem Selbst kennen wir uns so oft gar nicht aus.
- Gesundheitsfördernde Arbeitswelten
  Wenn Unternehmer nicht mehr vom Humankapital sprechen, sondern von einzelnen Menschen mit individuellen Fähigkeiten, die als Ressource in das Unternehmen eingebracht werden, könnte es gelingen, das Motivationsniveau wieder zu heben.
- Stärkung des Originals
  Nicht das „Ich-Ideal" sollte uns antreiben, sondern unser „Real-Ich", das, was uns so einmalig macht. Je stärker das Original ausgeprägt ist, desto weniger Chance hat Burnout.

Ich tippe auf Begeisterung und erkenne gleichzeitig, dass in den ersten Stufen des Burnouts diese Begeisterung ohnehin gegeben ist. Das kann es also nicht sein. Hans gibt mir die Antwort, indem er mir den Ausdruck eines Vortrages auf den Tisch legt:

Hans sitzt im besten Fauteuil seiner Praxis und spricht das auch offen an: „Na, ganz selbstverständlich habe ich den besten Platz, denn mein Kunde geht nach einer Stunde, doch ich habe vier oder fünf Sitzungen hintereinander. Das hält man nur aus, wenn man gut auf sich schaut, wenn man weiß, wo sein Platz ist – wenn ich weiß, wo mein Platz ist. Die Kunden sind meine kundigen Königinnen und Könige, doch mein Kreuz ist mir immer noch am nächsten. Da bin ich gesunder Egoist."

Da fällt mir ein Zitat des Dalai Lama ein: *„Kluge Egoisten denken an andere, helfen anderen so gut sie können – mit dem Ergebnis, das sie selbst davon profitieren."*

„Anderen helfen, ist eine wunderbare Sache", antwortet Hans, „wenn man darauf achtet, dass man seine Energiedepots stets voll hat und permanent wieder auffüllt. Ohne Prophylaxe brennt man aus – auch als Coach. Deshalb sollte man danach trachten, möglichst aus seiner Mitte heraus zu agieren, denn ein „ver-rückter" Coach ist zum einen nicht authentisch und zum anderen kein Original mehr."

Heute habe ich es mit den Zitaten, mir fällt ein Satz von Robert Schuman ein: *„Der wahre Meister zieht keine Schüler, sondern neue Meister."*

„Da hat der Herr Doktor Schuman etwas sehr Kluges gesagt. Alle Tipps, Regeln, Ratschläge und Besserwissereien sind allerdings sinnlos, wenn die Umsetzung nicht aus dem Kunden heraus kommt, wenn dieser nicht mit all seinen Ressourcen und Fähigkeiten motiviert wird.
Als Coach kann ich nicht deinen Weg gehen, ich kann dich aber begleiten und dich durch Fragen anregen, über deine Stärken nachzudenken und diese optimal einzusetzen."

„Schon wiederholt hast Du von der Stärkung des Originals gesprochen, was verstehst du darunter?"

„Bevor ich darauf eingehe – ich hebe meine Antwort nur ein wenig auf -, möchte ich kurz auf zwei Kräfte in uns eingehen, die uns daran hindern, unser *„Ich-Original"* zu entwickeln. Da wäre zunächst unser *„Ich-Ideal"*, das uns Ziele setzt, die wir auch beim besten Willen nicht erreichen können. Du kennst vielleicht den Satz, der kleinen Kindern gesagt wird, die nicht aufessen können: Die Augen waren mal wieder größer als der Hunger. Das *„Ich-Ideal"* war überzeugt, dass wir es schaffen, doch die Realität machte uns einen Strich durch die Rechnung. Doch das *„Ich-Ideal"* lässt nicht locker und flüstert uns ins Ohr: Sei kein Waschlappen, mach weiter! Und schon lassen sich viele wieder antreiben, bis sie nicht mehr weiter können. Verstopfung oder raus kotzen, sind die Alternativen. Das *„Ich-Ideal"* ist ein Verbieter und kein Erlauber, ein Antreiber und kein Ausgleicher."

„Das heißt, dass wir lernen müssen, unsere Grenzen zu akzeptieren."

„Ja, genau. Das fällt vielen schwer, wenn sie sich selbst überschätzen, das tut oft weh, wenn das Allmachtsgefühl enttäuscht wird. Damit wären wir auch schon beim zweiten Punkt, der kindlichen Omnipotenz. Es gehört zum Wesen eines Kindes, dass es grenzenlos an sich glaubt, dass es durch die dynamische, körperliche und geistige Entwicklung glaubt, es würde immer so weiter gehen. Alles ist vielleicht im Lotto möglich, aber sicher nicht in unserem Leben. Das muss man einsehen, wenn man sein *„Ich-Original"* finden will."

„Jetzt klingt allein schon das Wort *„Ich-Original"* sehr hochtrabend, was KundInnen verunsichern könnte, noch dazu, wenn sie sich im Burnout befinden."

Hans hält kurz inne und sagt dann: „Gerade das ist eine wesentliche Aufgabe des Coachings, die Stärkung des Originals." Er steht auf, geht zum Schreibtisch und zieht aus einem Papierstapel zwei weitere Blätter hervor, die er mir gibt.

Vorbeugende Maßnahmen

1. Gehen Sie überlegt und ökonomisch mit Ihren Kräften um. Auch wenn Sie es anfangs glauben, Sie haben nur sehr begrenzt Energiereserven.
2. Achten Sie auf ihren Arbeitsablauf, erkunden Sie Ihren persönlichen Tagesrhythmus und teilen Sie Ihren Stundenplan nach Leistungsgipfeln und –tälern ein. Ein Morgenmensch braucht einen anderen Ablauf als ein Abendmensch.
3. Bauen Sie jede Stunde Kurzpausen ein – fünf Minuten genügen -, in denen Sie den Computer auf Stand-by schalten und kein Telefon abnehmen. Wenn möglich, bewegen Sie sich in dieser Zeit.
4. Gönnen Sie sich ein Mal im Verlauf des Arbeitstages mindestens eine zwanzigminütige Pause, in der Sie den Arbeitsplatz verlassen. Sie können Entspannungsübungen machen oder spazieren gehen. Wichtig ist, dass in dieser Zeit keinerlei neuen beruflichen Inhalte in Ihren Wahrnehmungskreis gebracht werden.
5. Dies gilt besonders auch für die Mittagspause. „Geschäftsessen" sind tödlich und steigern nur die Geschwindigkeit des Ausbrennens.

An dieser Stelle fällt mir ein Gespräch mit einem Freund ein, der mir diese Woche erzählt hat, dass er ein Geschäftsessen abgelehnt hat, zu dem er eingeladen worden war, um einen Konflikt zu bereinigen. Er hat dies mit der Begründung abgelehnt, dass ihm seine Gesundheit zu wichtig sei, um den Ärger hinunterzuwürgen und womöglich noch mit einem Glas Wein nachzuspülen. Essen und Geschäft vertragen sich nicht.

6. Vermeiden Sie Übermüdung und gewöhnen Sie sich an, sich nach anstrengenden Ereignissen frei zu nehmen.
7. Alkohol, Beruhigungs-, Aufputsch- und andere Suchtmittel sind keinesfalls geeignet, Stress abzubauen. Vermeiden Sie auch all jene Situationen, in denen deren Gebrauch zum „Muss" wird, z.B. Nachmittagskaffee mit Cognac.
8. Sichern Sie sich ein Privatleben, in dem berufliche Belange tabu sind. Stehen Sie zu ihrem Privat- und Intimbereich.
9. Achten Sie auf die Bedürfnisse Ihrer Familie, denn die ohne Ihre Kinder verbrachte Zeit können Sie nie mehr „zurückkaufen".
10. Private Hobbys: Was früher wichtig für Sie war, sollte es auch weiterhin bleiben. Beginnen Sie nicht aus beruflichen Gründen mit anstrengenden neuen Freizeitbeschäftigungen.

Dazu fallen mir gleich einige KundInnen ein, die in diesem Jahr mit dem Golfspielen begonnen haben. Ein Klient hat mir gesagt, dass allen MitarbeiterInnen seiner Abteilung nahe gelegt wurde, mit dem Golfsport zu beginnen, da es nicht sein kann, dass die Firma im kommenden Jahr eine Golf-Charity veranstaltet und niemand der Belegschaft Golf spielt.

11. Pflegen Sie private Beziehungen, die mit Ihrer Arbeit überhaupt nichts zu tun haben. Auch wenn Sie abends müde sind, rufen Sie Ihre Freunde an, machen Sie sich mit ihnen Termine aus. Wichtig ist, dass es auch private Treffen gibt, in denen Ihr Berufsleben wenig bis gar nicht im Mittelpunkt steht.
12. Vermeiden Sie intime Beziehungen, die am Arbeitsplatz oder durch die Arbeit entstehen. Es gibt kaum einen stärkeren Beschleuniger des Burnout, als ein derartiges Verhältnis.

„Damit sind wir doch eigentlich bei der Work-Life-Balance", antworte ich, nachdem ich die Liste gelesen habe.

„Nenne es so oder auch Harmonie, Gleichklang zwischen Spannung und Entspannung, Ausgeglichenheit ... wie auch immer. Wichtig ist das Prinzip: Energie verbrauchen und dann wieder sammeln. Wann wächst der Muskel? Nicht beim Bizepstraining im Fitnesscenter, sondern während der Ruhephase, beim Nichtstun. Gerade dieses regenerierende Nichtstun, der lyrische

Müßiggang, das entspannte und von Pflichten freie Ausleben, gibt uns die Kraft, die wir für die Aufgaben des Alltags brauchen."

„Das bedeutet, dass tägliches Krafttraining kontraproduktiv ist?"

„Selbstverständlich, das führt nur zur Ermüdung, zur Erschöpfung und zum Burnout. Du hast sicherlich von Österreichs führendem Tennisspieler gelesen. Julian Knowle hat wegen körperlicher Anstrengung einen Gehörsturz erlitten. Danach musste er eine Zwangspause einlegen, davor hat er seine Grenzen missachtet."

„Bedeutet das, dass man nicht trainieren soll?"

„Nein, Sport ist ein wichtiger Ausgleich, sofern er nicht ein zusätzlicher Belastungsfaktor wird, indem der sportliche Ehrgeiz den beruflichen Stress im Freizeitbereich fortsetzt. Gut gemeint kann das zum gefährlichen Fallstrick werden."

„Das sieht danach aus, dass man in seinen Mustern gefangen ist, Job und Privatleben durcheinander bringt und dem Wiederholungszwang erliegt."

„Beim Wiederholungszwang sind wir beim guten alten Freud", klärt mich Hans Tomaschek auf, „ denn der hat darunter die Tendenz des Menschen verstanden, schmerzhafte und traumatische Erfahrungen zu wiederholen. Dabei werden ohne die bewusste Erinnerung des Betroffenen an die zugrunde liegende Episode die gleichen unangenehmen Situationen aktiv herbeigeführt und wieder erlebt. Freud meinte übrigens auch, dass der Wiederholungszwang stärker sei als das Lustprinzip und vom Todestrieb gesteuert wird."

„Damit sind wir aber mitten in der Psychoanalyse, oder? Das aufzuarbeiten ist Aufgabe von Psychotherapeuten und Psychoanalytikern."

„Das stimmt, doch als Coach kannst du mit Kunden und Therapeuten kooperieren und ergänzend tätig sein."

„Und wie mache ich das am besten?"

„Indem du mithilfst, den Hunger des Ichs zu stillen."

„Das klingt vielleicht pathetisch."

„Mag sein, doch das hungrige Ich ist ein wichtiger Bereich, den du als Coach kennen solltest. Wir Menschen sind auf die fließende Bedarfsdeckung hin erschaffen und müssen unseren Bedarf – wenn es gesundheitsfördernd sein soll – im Leben hier und jetzt decken. Wer Hunger hat, muss essen, wer durstig ist, muss trinken. Das gleiche Prinzip gilt auch für die intrapsychischen Prozesse: Der Hunger nach dem Ich muss gestillt werden. Einst konnte dieser Hunger in der (Groß)familie, in der Verwandtschaft, in familienähnlichen Strukturen, im Freundeskreis, in der Welt der Hobbys und der Freizeit entwickelt werden. Dadurch wurde die Selbstverwirklichung gefördert, um den seelischen Hunger zu stillen..."

„Und wie sieht das heute aus, im Hier und Jetzt?"

„Im Jetzt stellt sich das hungrige Ich so dar, dass wir durchwegs Ersatz für den nährenden Boden brauchen, suchen und auch finden. Eine Ersatzwelt scheint die virtuelle Welt zu sein, die Welt des Unternehmens, die 80 bis 90 Prozent unseres Lebens vereinnahmt und vorgibt, familienfreundliche Funktionen übernehmen zu können."

„Mir fällt dazu ein US-amerikanischer Konzern ein, der seinen Mitarbeitern Fitnesscenter, Küche mit stets gefülltem Kühlschrank und andere Benefits bietet, damit die MitarbeiterInnen zwischen der Arbeit auch ein wenig zum Leben kommen."

„Das kann sich fatal auswirken, denn am Ende des Tages bleibt das Ich allein zurück mit all seinen offenen Fragen und Problemen. Irgendwann fühlen sich die Mitarbeiter ausgebeutet, missbraucht und frustriert. Burnout und Depressionen sind mögliche Folgen."

„Was kann man da tun? Die Falle scheint doch sehr verlockend zu sein?"

"Ist sie auch, und alle Burnout-Opfer tappen freiwillig hinein. Die anfängliche Begeisterung, die Sehnsucht nach dem Sinn, nach Anerkennung und oft sogar nach Liebe kann antreiben. Wer sich nicht durch seine Persönlichkeit, sondern durch den Beruf, die Position, die berufliche Rolle definiert, läuft Gefahr, sich zu verlieren." Hans geht wieder zu seinem Schreibtisch, um mir einen Cartoon zu geben, auf dem ein kleiner Bub gezeichnet ist, der seinen

Kopf in beide Hände stützt. Zu seinen Füßen sitzt ein kleiner Vogel und über der Szenerie steht: Wenn ich so wäre wie du, wer wäre dann ich? Dieses Bild illustriert sehr einfach, aber anschaulich, wie unverzichtbar es ist, ein Original zu sein und auf seine Bedürfnisse zu achten.

„Wenn ich zusammenfasse, bedeutet das für den Coaching-Prozess mit Burnout-Opfern folgende Vorgehensweise:

- Druck raus nehmen – raus aus der Tretmühle,
- auf die Rahmenbedingungen hinweisen: ausgiebig schlafen, keine Drogen, kein Alkohol, bewusste Ernährung und Bewegung usw.,
- Stärkung des Ich-Originals,

um danach die Grundlage für eine lösungsorientierte Zusammenarbeit zu haben."

„Genau, wobei die Stärkung des Originals ganz besonders wichtig ist. Dazu fallen mir noch folgende Punkte ein:

- Förderung von Ressourcen und Kompetenzen
- Unterstützung der KundInnen, damit sie wieder zu ihren Möglichkeiten stehen lernen
- Anerkennung als „Grundnahrungsmittel" für die Seele
- Individuelle Sinnbezüge herstellen

Wenn das geglückt ist, kannst du dich den weiteren Aufgaben widmen ..."

„Die da wären?"

„...den geschützten Coaching-Rahmen als Probebühne für eine neue Lösung zu nutzen und prophylaktisch aktiv zu werden, damit der Kunde nicht wieder in die nächste Burnout-Falle stolpert. Doch das ist eine andere Geschichte."

Probebühne
Die Coachingstunde dient den KundInnen als Experimentierbühne, auf der im geschützten Rahmen alternative Möglichkeiten konstruiert und durchgespielt werden können. Auf diese Weise können bestmöglich erscheinende Optionen ausgewählt werden.

XII.

Nicht in die Burnout-Falle zu stolpern, klingt so einfach, wenn man rechtzeitig drauf schaut, dass man die Anzeichen erkennt, bevor sie uns überwältigen. Wie ein Werbeslogan hört sich das an. Doch woran erkennt „man/frau“, dass Burnout-Gefahr besteht? Wie lässt sich der Begriff definieren? Denn ohne Krankheitsbild gibt es ja auch keine Diagnose.

Als Klammer machen allgemeine Definitionen theoretisch Sinn, doch in der Praxis hat sich gezeigt, dass allein meine drei KlientInnen mit Burnout-Erscheinungen teilweise völlig unterschiedliche Merkmale aufweisen. Deshalb möchte ich einen genaueren Blick auf den Symptome-Cluster der Fachliteratur werfen.

Burnout III

Burnout stellt ein komplexes Belastungssyndrom dar, das primär von emotionaler, körperlicher und geistiger Erschöpfung geprägt ist. In seinem häufig progressiven Verlauf wird es von Sinn- und Werteverlust, deutlich reduzierter Leistungsfähigkeit, dysfunktionalen (gestörten) Einstellungen und Verhaltensweisen bei der Arbeit sowie (psycho-)somatischen Leidenszuständen begleitet.

Burnout-Symptomatik

- Verlust der Freude an früher als angenehm erlebten Aktivitäten.
- Vorherrschend emotionale Erschöpfung.
- Ängstlichkeit und Angstzustände bis hin zu Panikattacken.
- Negative Einstellung in Bezug auf die eigenen Aufgaben.
- Vermindertes Selbstwertgefühl und Selbstvertrauen.
- Empfundene Ohnmacht und Hilflosigkeit hinsichtlich der eigenen Beeinflussungsmöglichkeit des Umfeldes.
- Geringere Konzentrations- und Leistungsfähigkeit.
- Werteverlust und das Gefühl der Sinnlosigkeit.
- Zynismus und Rückzug.
- Zunehmende Fehleranfälligkeit bei der Arbeit, aber auch bei privaten Erledigungen.
- Sexuelle Funktionsstörungen und Libidoverlust.
- Gewichtsveränderungen aufgrund geänderter Essgewohnheiten.
- Gefühl der Antriebslosigkeit.
- Ständiges Gefühl der Müdigkeit und der anhaltenden Erschöpfung.
- Sich deutlich verlängernde Regenerationszeiten.

Somatische Begleiterscheinungen

- Schlafstörungen
- erhöhte Infektanfälligkeit
- Zyklusstörungen
- Muskelschmerzen und – beschwerden
- chronische Kopfschmerzen
- Bluthochdruck
- Tachykardie (permanent erhöhte Pulsfrequenz)

Begleitende Erkrankungen

- Bandscheibenvorfall
- Gastritis
- Magen-Darm-Erkrankungen
- Abhängigkeitserkrankungen
- Tinnitus
- Herzinfarkt

Christina Maslach

Professorin für Psychologie an der Universität von Kalifornien, Berkeley

Auf der somatischen Ebene finden sich typischerweise mindestens zwei der folgenden Symptome ohne identifizierbare organische Grundlage.

Häufig besteht auch ein Zusammenhang zwischen Burnout und Begleiterkrankungen.

Gibt es einen standardisierten Test, mit dem man Burnout auf einfache Weise identifizieren kann?

Dazu haben Christina Maslach und Susan Jackson 1981 das „Maslach Burnout Inventory (MBI)" entwickelt und seitdem mehrfach erweitert und angepasst. Maslach selbst beschreibt das MBI als „definitive Maßeinheit für Burnout" und als „einen verlässlichen Fragebogen, der einen prägnanten Überblick über die Energie, das Engagement und die Leistungsfähigkeit gibt". Mittlerweile hat sie drei Versionen des MBI entwickelt:

1. MBI-HSS (Human Services Survey) für die Zielgruppe „Pflegeberufe"
2. MBI-ES (Education Survey) für Lehrberufe im Bildungswesen
3. MBI-GS (General Survey) für Menschen in einem breiteren Berufsfeld

Mit folgendem Fragebogen soll nicht der Gesamtwert für Burnout berechnet, sondern die einzelnen Dimensionen erfasst werden. Ich orientiere mich dabei an der Version für soziale Berufe, um dabei mein eigenes Profil als Coach zu überprüfen.

Maslach Burnout Inventory (MBI) für soziale Berufe

1. Ich fühle mich von meiner Arbeit ausgelaugt.
2. Am Ende eines Arbeitstages fühle ich mich erledigt.
3. Ich fühle mich müde, wenn ich morgens aufstehe und wieder einen Arbeitstag vor mir habe.
4. Es gelingt mir gut, mich in meine Klienten hineinzuversetzen.
5. Ich glaube, ich behandle einige Klienten, als ob sie unpersönliche „Objekte" wären.
6. Den ganzen Tag mit Leuten zu arbeiten ist wirklich eine Strapaze für mich.
7. Den Umgang mit Problemen meiner Klienten habe ich sehr gut im Griff.
8. Durch meine Arbeit fühle ich mich ausgebrannt.
9. Ich glaube, dass ich das Leben anderer Leute durch meine Arbeit positiver beeinflusse.
10. Seit ich diese Arbeit mache, bin ich gleichgültiger gegenüber Leuten geworden.
11. Ich befürchte, dass diese Arbeit mich emotional verhärtet.
12. Ich fühle mich voller Tatkraft.
13. Meine Arbeit frustriert mich.
14. Ich glaube, ich strenge mich bei meiner Arbeit zu sehr an.
15. Bei manchen Klienten interessiert es mich eigentlich nicht wirklich, was aus / mit ihnen wird.
16. Mit Menschen in der direkten Auseinandersetzung arbeiten zu müssen, belastet mich sehr.
17. Es fällt mir leicht, eine entspannte Atmosphäre mit meinen Klienten herzustellen.
18. Ich fühle mich angeregt, wenn ich intensiv mit meinen Klienten gearbeitet habe.
19. Ich habe viele wertvolle Dinge in meiner derzeitigen Arbeit erreicht.
20. Ich glaube, ich bin mit meinem Latein am Ende.
21. In der Arbeit gehe ich mit emotionalen Problemen sehr ruhig und ausgeglichen um.
22. Ich spüre, dass die Klienten mich für einige ihrer Probleme verantwortlich machen.
23. Ich fühle mich meinen Klienten in vieler Hinsicht ähnlich.
24. Von den Problemen meiner Klienten bin ich persönlich berührt.
25. Ich fühle mich unbehaglich bei dem Gedanken daran, wie ich einige meiner Klienten behandelt habe.

Anhand dieser Items werden die drei polarisierenden Kerndimensionen der Arbeitserfahrung einer Person gemessen:

1. Erschöpfung – Energie
2. Depersonalisation – Engagement
3. Ineffizienz – Leistung

Wie können die daraus resultierenden Ergebnisse bewertet werden? Christina Maslach und Michael P. Leitner beschreiben dazu zwei Grundmuster:

„Arbeitsgruppen, die hohe Ergebnisse bei emotionaler Erschöpfung und Depersonalisation und niedrige bei persönlichem Erfolgserlebnis haben, leiden unter Burnout. Jene mit dem entgegen gesetzten Muster – niedrige Ergebnisse bei emotionaler Erschöpfung und Depersonalisation und hohe bei persönlichem Erfolgserlebnis – erleben ein großes Ausmaß an Arbeitsidentifikation."

Ich denke, dass eine kritische Auseinandersetzung damit nicht schadet und finde eine solche in der Diplomarbeit von Christine Petruzelka:

Statuserhebung von Burnout und Gesundheitsbewusstsein in der Projektarbeit

„Diese Interpretation erscheint einfach, je höher die Punktwerte, desto „ausgebrannter" der Proband", wie (Matthias) Burisch in seiner Kritik am MBI schreibt. Seiner Ansicht nach hat man sich „mehr oder weniger stillschweigend darauf geeinigt", Maslachs drei genannte Dimensionen als „Kernsymptome" für Burnout anzusehen – aber eben nur, „weil so die Skalen des MBI (...) benannt sind". Burisch kritisiert vor allem die scheinbare „Willkürlichkeit", mit welcher Burnout-Symptome in den Fragebogen miteinbezogen oder eben „fallengelassen" wurden, wie z.B. die frühere vierte Dimension „Involvement (Anteilnahme)", welche Maslach „aus rein statistischen Gründen" wieder entfernt hat. Insbesondere kritisiert Burisch auch die Tatsache, dass es auch bei diesem international gebräuchlichsten Messinstrument nicht möglich ist zu sagen, „ab wann denn nun von Burnout gesprochen werden soll". Die Forscherin und Kritikerin (Ina) Rösing schätzt den Anteil der Verwendung des MBI in der empirischen quantitativen Forschung auf 90%, aber auch sie hält fest, dass Maslachs Fragebogen „ein Instrument der Forschung" ist und „kein individuelles Diagnoseinstrument". Rösing begründet dies ebenfalls mit der Tatsache, dass für „keine vorliegende (...) MBI-Fassung eine „an exakten Kriterien validierte Norm, ab welchem Score ein Mensch „Burnout" haben soll, gilt."

Eine Antwort auf diesen Disput hat der Burnout-Pionier Herbert Freudenberger gegeben, indem er eine Benennung charakteristischer Symptommerkmale aufgrund der „Heterogenität und Vielschichtigkeit möglicher Burnout-Konstellationen“ ausschloss. Christine Petruzelka meint zu dieser Problematik: „Um die Aufnahme in die internationale statistische Klassifikation der Krankheiten der WHO (Weltgesundheitsorganisation) voranzutreiben, ist es jedoch nötig, für die Bestimmung eines „Diagnose-Logarithmus“ das Erscheinungsbild und die Intensität der Symptome zu definieren.“

Ich muss schmunzeln, wenn ich weiter lese, dass eifrige ForscherInnen mehr als 130 mögliche Symptome für Burnout aufgelistet haben. Da sieht man wirklich den sprichwörtlichen Wald vor lauter Bäumen nicht mehr. Vor allem dann nicht, wenn es keine quantitative Auswertung gibt. Dazu hat sich auch Univ.-Prof. Dr. Wolfgang Lalouschek Gedanken gemacht und den enneagon-Balancetest mitentwickelt (www.enneagon.at).

Dabei handelt es sich um valedierte Skalen, die u.a. auch auf dem Maslach Burnout Inventory beruhen, jedoch weitere Dimensionen abbilden:

- Körperliche Gesundheit
- Bewegung und Ernährung
- Emotionen
- Soziale Kontakte
- Arbeit und Beruf
- Belastung und Stress
- Sinn
- Selbst
- Finanzielles

Jede Dimension misst auf einer zehnstufigen Skala, wie weit ICH (noch) mein Original bin: 1 – überhaupt nicht; 10 – völlig.

Wolfgang Lalouschek schreibt darüber: „Die KlientInnen können einerseits jede Dimension anhand ihres subjektiven Befindens skalieren. Anschließend wird ein Frageninventar ausgefüllt, das alle Dimensionen abdeckt. Auf diese Weise können subjektives Erleben und Ergebnis des Inventars verglichen werden. Die Darstellungsform als Neuneck erlaubt überdies ein rasches Erkennen derjenigen Bereiche, in denen wahrscheinlich besonderer Handlungsbedarf besteht. Je nach Ergebnis in den einzelnen Segmenten ergibt sich überdies für die entstehende Figur eine bestimmte Fläche. Diese wird mit der maximal möglichen Fläche (wenn alle Skalen auf „10“ stehen) in Relation gesetzt und auf diese Weise ein individueller Gesamt-Index berechnet.“

enneagon-Balancetest

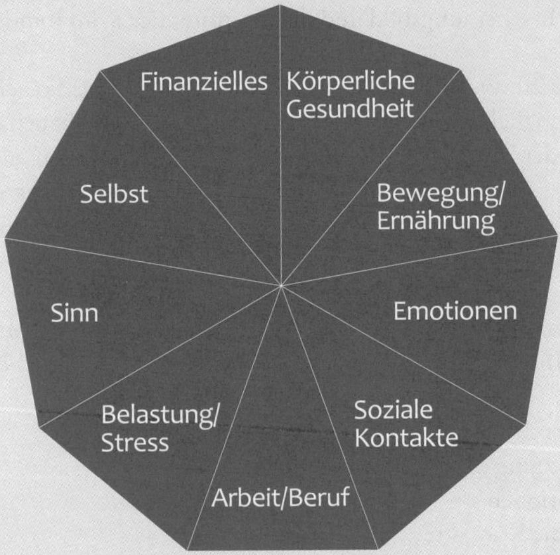

www.enneagon.at

Und noch eine Erkenntnis hat sich in mir vertieft: Gerade weil ich als Coach mit Menschen arbeite, gerade weil es sich dabei um eine verantwortungsvolle Arbeit mit der menschlichen Psyche handelt, gerade weil menschliches Leid belastend sein kann, gerade weil es aber auch Freude und Genugtuung bereitet, Menschen bei ihrer Lösungsfindung zu begleiten, ist es wichtig, dass ich selbst gut auf mich achte und die Burnoutgefahren bei mir selbst frühzeitig erkenne.

Supervision, Mentoring, Erfahrungsaustausch mit KollegInnen, Coachinggespräche und Selbstreflexion scheinen mir wichtige Instrumente zur Prophylaxe für den Coach zu sein.

- Ich fühle mich darin bestätigt, mit Burnout-KlientInnen arbeiten zu können und auch zu dürfen, weil es sich (bislang) um keine Erkrankung handelt.

- Nachdem es in der Fachwelt auch keine eindeutige Diagnose gibt, werde ich mich davor hüten, eine solche zu erstellen, sondern lösungsorientiert arbeiten.

- Vor allem die Ohnmacht und Hilflosigkeit bezüglich der Beeinflussbarkeit des Umfeldes durch die KlientInnen scheint mir ein wichtiger Ansatzpunkt für meine Ressourcen stärkende Arbeit zu sein.

- Selbst wenn sich die WissenschafterInnen darauf einigen sollten, dass es sich beim Burnout um eine der WHO-Klassifikation entsprechende Erkrankung handelt, kann Coaching bis zur Stufe 5 selbstständig und von 6 bis 8 in Kooperation mit PsychotherapeutInnen begleiten.

XIII.

Harald hat heute seine vierte Coaching-Stunde mit mir, knapp vier Wochen sind seit seinem ersten Besuch verstrichen. In den vergangenen zehn Tagen hat er sich sehr stark zum Positiven verändert, seine Gesichtsfarbe ist rosig geworden, sein Drei-Tage-Bart wirkt nicht ungepflegt, sondern sportlich, seine Augen glänzen und abgenommen scheint er auch zu haben. Ich mache ihm ein Kompliment zu dieser Veränderung und merke, dass es ihm gar nicht leicht fällt, ein solches von einem Mann anzunehmen. Um keine Missverständnisse aufkommen zu lassen, konkretisiere ich, was mir positiv auffällt.

„Wirklich?", antwortet Harald und lächelt.

„Fishing for compliments", denke ich und bestätige ihm nochmals, dass er gut aussieht.

Ja, er fühle sich besser, denn seit unserer letzten Coaching-Stunde ist Harald schon sechs Mal laufen gewesen. Das erste Mal war für ihn schrecklich, doch heute Morgen ist er schon fast sechs Kilometer gelaufen – 41 Minuten habe er dafür gebraucht, nicht gestoppt, sondern von der Küchenuhr abgelesen.

Ich gebe ihm anerkennendes Feedback, und er braucht mehr davon: „Ich rauche auch viel weniger, seitdem ich laufe. Anfang habe ich gedacht, die Lunge zerreißt, doch jetzt geht das Atmen schon viel leichter."

Wieder bekommt er ein Kompliment und anschließend die obligate Frage, wie er sich auf einer Skala heute einschätzen würde, wenn 10 sehr gut und 1 sehr schlecht ist.

„Heute bin ich auf Stufe 6."

„Gratulation, da geht es Ihnen ja schon viel besser, als Sie sich vorgenommen haben. Ich glaube, Sie wollten auf 5 stehen, wenn Sie das erste Mal zehn Kilometer gelaufen sind."

„Wollte ich das? Vielleicht, doch heute fühle ich mich auf Stufe 6."

„Wie fühlt sich das an?"

„Oh, gut fühlt sich das an. Anders – fast schon so wie früher."

„Ich habe das Gefühl, als ob sich noch etwas so wie früher verändert haben könnte."

„Ja ...", Harald blickt genüsslich und lässt sich mit der Antwort Zeit, „ich kann wieder schlafen. Zwar wache ich nach fünf bis sechs Stunden auf, doch gelingt es mir dann, wieder einzuschlafen."

„Das freut mich sehr für Sie. Woran könnte das liegen?"

„Ich glaube, weil ich mich wieder bewege, wieder sportlich aktiv bin und weniger an die Firma denke."

„Woran denken Sie stattdessen?"

„An sehr vieles. Wissen Sie, beim Laufen kommen mir unzählige Gedanken in den Sinn, da kann es schon mal passieren, dass ich mich frage, wie ich den vergangenen Kilometer unterwegs gewesen bin, weil ich so mit meinen Gedanken beschäftigt war."

Ich lasse nicht locker, denn ich will es genauer wissen: „Was für Gedanken faszinieren Sie so?"

„Och, zum Beispiel mein Studium. Ein Kollege hat mir erzählt, dass es möglich ist, sich ein Sabbat-Jahr zu nehmen. Wissen Sie, was das ist?"

„Ich kenne ein Sabbatical, eine bezahlte Auszeit im Unternehmen."

„Genau, das meine ich. Während eines Zeitraums von sechs Jahren wird ein bezahltes Freistellungsjahr angespart. Ich bin schon über vier Jahre in der Firma, also mehr als zwei Drittel der erforderlichen Zeit. Wenn mich mein Abteilungsleiter unterstützt, dann kann die Auszeit bevorschusst werden. Das überlege ich mir."

„Bräuchten Sie für diese Unterstützung etwas?"

Harald hält inne, doch merke ich, dass er sich auch dazu schon was überlegt hat: „Ich müsste wieder gesund und arbeitsfähig werden, denn einem laschen Vertreter kauft niemand was ab."

„Wie sieht ein leistungsfähiger Vertreter aus?"

Harald lacht. „Na, so wie ich in meiner besten Zeit ausgesehen hab. Damals habe ich gespürt, dass ich alle Ziele erreichen kann."

„Ich würde gern mit Ihnen etwas ausprobieren. Haben Sie Lust? Sind Sie neugierig?"

Harald wirkt ein wenig verunsichert, als er antwortet: „Es kommt drauf an, worum es sich handelt."

„Keine Sorge, ich will Sie nur bitten aufzustehen, damit wir die Fauteuils beiseite schieben und etwas Platz im Raum schaffen können."

„Platz wofür?"

„Platz für das Experiment, bei dem Sie nur ein paar Kärtchen beschriften und auf den Boden legen sollen. Wollen Sie mitmachen?"

„Warum nicht."

Ich bitte Harald, sein Ziel auf die erste Karte zu schreiben. Er wählt eine grüne aus und schreibt „Sabbat-Jahr" darauf. Nachdem ich ihn bitte, das Kärtchen im Raum dort hin zu legen, wo es am besten passt, legt er es mit der Begründung in die Mitte des Zimmers: „Weil dieses Ziel mein neuer Mittelpunkt ist."

Als nächstes bitte ich Ihn, eine Karte für den Tag auszusuchen, als er das erste Mal zu mir gekommen ist. Dieser Gedanke gefällt Harald überhaupt nicht. Er wählt eine rosa Karte aus und schreibt „Damals" drauf.

„Darf ich die Karte ins Vorzimmer legen?" fragt er mich.

„Können Sie sie dann von herinnen sehen?"

„Muss ich das?"

„Nein, doch können Sie, wenn Sie die Karte im Vorzimmer besuchen, zu Ihrem Ziel blicken?“

„Das geht nicht, doch wenn ich mich dazwischen stelle, dann sehe ich beides.“

„Na, dann legen Sie mal die grüne Karte ins Vorzimmer und suchen Sie sich einen guten Platz für heute aus.“

Harald legt die Karte fast vor die Eingangstür, überlegt es sich nochmals und rückt sie näher zur Tür des Beratungszimmers. Als nächstes wählt er eine gelbe Karte aus und schreibt das heutige Datum drauf. Mit ihr in der Hand geht er in den Beratungsraum, blickt sich dort um, schaut sich das Ziel sorgfältig an, blickt zurück ins Vorzimmer und entschließt sich schließlich dazu, die Karte so auf gleicher Höhe zum Ziel zu legen, dass er das „Damals“ noch immer sehen kann. Der Abstand zurück beträgt gute vier Schritte, jener zum Ziel vielleicht eineinhalb.

Kataleptische Hand

Katalepisch: „von Krämpfen befallen“ oder „zu ergreifen, zu begreifen“.

In einer leichten Trance wird die entspannte Hand des Coaches geankert. Sie unterscheidet sich so von einer Handfläche, die er Coach als expressionistisches Ausdrucksmittel zum Präsentieren verwenden würde. Die locker hängende Hand kann als Projektionsfläche für Interaktionspartner der KundInnen dienen, ohne dass der Coach mit diesen Repräsentanten assoziiert wird. Die Katalepsie wirkt somit als Separator. Durch die Präsentation der Hand in Augenhöhe können Veränderungen der Wahrnehmung begleitet werden.

Ich bitte Harald, vier Wochen in die Vergangenheit zurück zu gehen, sich über die rosa Karte zu stellen und seine Gefühle von damals auszusprechen: „Ratlos, hilflos, schlaflos, gereizt, sich total schlecht fühlend, entsetzlich ...“ Sein Unbehagen ist deutlich spürbar.

Jetzt bitte ich ihn, von „Damals“ zum „Heute“ zu blicken und zu erzählen, was er dabei erlebt. Zur besseren Visualisierung hebe ich über der gelben Karte meine entspannte Hand in Augenhöhe, so dass Harald nicht auf den Boden blicken muss, sondern den heutigen Tag wie eine imaginäre Person in meine Handfläche projizieren kann. Während er spricht, halte ich die kataleptische Hand unverändert über der Karte, ohne dass diese mit mir assoziiert wird.

„Da hat sich einiges getan. Ich hätte damals nicht gedacht, dass ich so weit kommen kann“, setzt Harald fort, „Und die Zeit ist so schnell vergangen. Damals habe ich keinen Ausweg gesehen. Heute weiß ich, dass vieles möglich ist.“ Harald ist gerührt, ich gebe ihm ausreichend Zeit, um seine Gefühle schweigend zu erleben, danach bitte ich ihn, auf das Heute zuzugehen und sich über die gelbe Karte zu stellen.

Harald blickt zurück und danach zum Ziel, das ihm zeigt, dass er noch nicht da, aber schon in der Nähe ist. Die Veränderung in seinem Leben empfindet er als unvorstellbar. „Niemals hätte ich gedacht, dass ich das schaffen werde.“

Ich verstöre Harald ein wenig, als ich ihn frage, ob er das Ziel noch immer als erstrebenswert ansehe, ob es eine andere Alternative dazu gebe, ob auch mit Nachteilen zu rechnen wäre?

„Nachteile. Nein! ... Außer, ich nutze das Jahr nicht sinnvoll.“

„Was wäre sinnvoll?“

„Sinnvoll ist alles, was mir gut tut – und meiner Familie.“

„Und was würde Ihnen gut tun?“

„Zunächst ein gemeinsamer Urlaub ohne den Druck, nach zwei Wochen wieder von einer Minute auf die andere auf Hochtouren laufen zu müssen.“

„Und danach?“

„Zeit für mein Studium, um wieder rein zu kommen, die Vorlesungen auszuwählen, den Rückstand aufzuholen ...“

„Oh, das Studium haben Sie auch schon konkret geplant?“

„Ich habe Ihnen doch gesagt, dass mir beim Laufen eine Menge Dinge durch den Kopf gegangen sind.“

„Sind all die vielen Gedanken nicht anstrengend?“

„Aber woher, es geht doch um meine Zukunft.“

„Kompliment, Sie sind vielleicht ein Mann der Tat."

Harald lacht, das erste Mal, dass ich ihn ohne Zynismus oder einen bitteren Zug um die Mundwinkel lachen sehe.

„Wenn Sie zu Ihrem Ziel blicken, bräuchten Sie etwas auf dem Weg dort hin?"

Harald überlegt, dann meint er: „Noch etwas Zeit, um zu Kräften zu kommen. Einige überzeugende Argumente, damit niemand in der Firma was gegen meine Pläne haben kann. Und meine Frau, die noch nichts von ihrem Glück weiß."

Ich schreibe für Harald die Antworten auf weiße Kärtchen, die ich ihm gebe, damit er sie auf den Weg zu seinem Ziel legen kann. Frau – Argumente – Zeit, so ist seine Reihenfolge. Gibt es noch etwas, das er benötigt? Harald denkt kurz nach ... „Ja, noch eine oder zwei Coaching-Stunden, die mir helfen, noch mehr Ordnung in mein Leben zu bringen." Er schreibt „Coaching" auf eine vierte weiße Karte und legt sie wie eine Klammer neben die drei anderen.

Jetzt bitte ich Harald, auf die Zielkarte zu steigen, um auch dieses Gefühl zu erleben. Harald schließt die Augen und breitet die Arme leicht aus. „Wow", sagt er, „das fühlt sich irre gut an." Ich lasse ihn in Ruhe mit seinen Emotionen und bitte ihn erst wieder ein paar Minuten später, als er die Augen öffnet, zum Heute zurück zu gehen. Den ersten Schritt setzt er nur widerwillig, doch als ich ihn bitte, mit dem guten Gefühl von vorhin nochmals zum Ziel zu blicken, antwortet er, dass er das Gefühl hat, in dieser Stunde zusätzliche Energie getankt zu haben, um das Ziel auch erfolgreich zu erreichen. Ob er dafür einen Slogan, einen Leitspruch finden könne, frage ich Ihn.

„Ja: Wenn du glaubst, es geht nicht mehr, kommt von irgendwo ein Ziel daher." Auf eine Karte will sich Harald diesen nicht ganz ernst gemeinten Spruch nicht schreiben, doch ist es für ihn in Ordnung, wenn wir an dieser Stelle die Coaching-Stunde beenden. Neuen Termin machen wir uns noch keinen aus, Harald will sich bei Bedarf melden, doch wenn er sich nach zwei Wochen nicht gerührt hat, sollte ich ihn anrufen.

Unglaublich, wie sich ein Mensch binnen weniger Tage aus eigener Kraft verändern kann. Seine psychotherapeutischen Sitzungen und die Coaching-

Stunden haben ihn sicherlich unterstützt, doch die Energie ist aus ihm heraus gekommen. Coaching kann nur begleiten, nur Impulse setzen, nur Unterschiede schaffen, die wiederum Unterschiede hervorbringen. Die phänomenologische Wirkung überrascht mich jedes Mal.

XIV.

„Mach dich noch mehr über die Salutogenese schlau," riet mir Hans Tomaschek, als ich ihn zu mir in die Coaching-Praxis einlade, um über einige Punkte zu sprechen, die für das Coaching als Prozess relevant sind," denn darin findest du eine Grundhaltung, die du ebenso wie den lösungsorientierten Ansatz für deine Arbeit als Coach annehmen solltest." In einer Woche wolle er mich besuchen.

Salutogenese bedeutet „Erzeugung von Gesundheit" oder „Ursprung von Gesundheit". Auch wenn sich die Bezeichnung vom griechischen Genesis ableitet, handelt es sich um eine Schöpfung der 1970er-Jahre.

Aaron Antonovsky hat das salutogenetische Konzept (1979/1987) als Gegenbegriff zur Pathogenese geschaffen, als er sich gefragt hat, wie Gesundheit entsteht.

Die Hauptthese ist das Kohärenzgefühl, worüber Antonovsky im Buch „Salutogenese. Zur Entmystifizierung der Gesundheit" schrieb:

Genesis:

Geburt, Schöpfung, Entstehung

Pathogenese(πάθος, pathos):

Leiden(schaft), Sucht, Pathos; Beschreibung der Entstehung und der Entwicklung einer Krankheit und Bekämpfung deren Ursachen und Symptome.

Kohärenzgefühl:

Lateinisch: cohaerere = zusammenhängen; Adjektiv kohärent.
Der innere oder äußere Zusammenhang oder Zusammenhalt von etwas.

„Das Kohärenzgefühl ist eine globale Orientierung, die ausdrückt, in welchem Ausmaß man ein durchdringendes, dynamisches Gefühl des Vertrauens hat, dass die Stimuli, die sich im Verlauf des Lebens aus der inneren und äußeren Umgebung ergeben, strukturiert, vorhersehbar und erklärbar sind; einem die Ressourcen zur Verfügung stehen, um den Anforderungen, die diese Stimuli stellen, zu begegnen; dass diese Anforderungen Herausforderungen sind, die Anstrengung und Engagement lohnen."

Gesundheit und Krankheit werden, so Antonovsky, sowohl durch subjektive Erlebnisse als auch durch objektive Faktoren geprägt. Der lebende Organismus, der Zeit seines Lebens Energie frei setzt, ist permanent der Gefahr von Unordnung ausgesetzt und nicht nur gelegentlich oder in besonderen Situationen. Menschen sind ständig im unterschiedlichen Grad gesund - sie leben

Salutogenetische Grundorientierung

- Verstehbarkeit:
  Umwelt, Gesellschaft, Mitmenschen, Situationen, Ereignisse, Entwicklungen und auch das eigene Selbst werden als geordnet, strukturiert erklär- und verstehbar sowie in gewisser Weise als vernünftig vorhersagbar erlebt. Die Welt und das Selbst erscheinen nicht als unergründlich und schicksalhaft.
- Handhabbarkeit/Bewältigbarkeit:
  Dadurch entsteht der Eindruck der Handhabbarkeit, die subjektive Gewissheit, über entsprechende Ressourcen, Kompetenzen und Hilfsquellen zu verfügen, um innere und äußere Herausforderungen, Probleme und Schwierigkeiten tatsächlich bewältigen zu können. Dazu können eigene Fähigkeiten, Helfer oder höhere Mächte beitragen.
- Sinnhaftigkeit/Bedeutsamkeit:
  Wesentlich ist das Ausmaß, in dem das eigene Leben, die eigene Biographie, das Handeln, Ziele und Werte als sinnvoll, interessant und lebenswert beurteilt werden. Auch wenn nicht alles in gewünschter Weise klappt, lohnen sich Einsatz und Engagement.

Zusammenfassend kann festgestellt werden, dass Menschen ihre Fähigkeiten und Kompetenzen nutzen können, um ihre Angelegenheiten eigenmächtig, selbstverantwortlich und selbst bestimmt gestalten und vertreten zu können, was Gesundheit bzw. Prävention zur Folge hat. Jetzt ist mir klar, weshalb mir Hans Tomaschek nahe gelegt hat, mich mit diesem Thema zu beschäftigen.

in einem mehr oder weniger stabilen Gleichgewicht von Störung und Verbesserung. Sie verfügen jedoch über unterschiedliche persönliche Ressourcen und Widerstandkräfte, die sie stabil bzw. gesund erhalten. Der Kohärenzsinn stellt somit ein Energie-Regulativ dar, damit innere und äußere Ordnung entsteht.

Das Thema klingt einerseits logisch, andererseits sehr komplex, und ich bin sicher, dass es von manchem Schulmediziner auch kritisch betrachtet wird. Wie kann ich mir die Salutogenese einfach vorstellen? Zum Beispiel als Kopfschmerz, der nicht als Krankheitssymptom, sondern als somatisches Warnsignal verstanden wird, dass irgendetwas anderes im Körper aus dem Gleichgewicht ist. Wird der Kopfschmerz wie in der Pathogenese durch eine Verspannung lösende Kopfschmerztablette behandelt, ist kein Signal (Hinweis) mehr zur Heilung gegeben. Ich finde dazu die schöne Metapher: Statt das Feuer zu bekämpfen, wurde der Brandmelder abgeschaltet.

Und über ein zweites Krankheitsbild lese ich: Verspannungen sind keine Ursache, sondern nur das Symptom. Der Auslöser könnte Stress sein, womit wir wieder beim Thema angekommen sind. Im gesundheitsorientierten Konzept der Salutogenese wird also nicht nach Ursachen einer Krankheit gefragt, sondern, was gesund macht oder erhält. Das ist mir jetzt klar geworden, doch was hat es mit dem Kohärenzsinn (Sense of Coherence) auf sich?

Gesundheit wird durch den Zusammenhang von drei geistig-seelischen Grundorientierungen bzw. Einstellungen gefördert, über die gesunde Menschen in besonders ausgeprägter Weise verfügen.

Das nächste Treffen findet bei mir statt. Hans hat heute seinen ärmellosen Strickmantel an, der wie eine lange, graue Trachtenwest mit schwarzer Umrandung aussieht. Zwei große Taschen mit Büchern hat er mitgebracht, in denen er während des Gesprächs immer wieder blättert. Aaron Antonovskys „Salutogenese. Zur Entmystifizierung der Gesundheit" ist auch darunter.

„Hast du erkannt, warum die Salutogenese eine wichtige Grundhaltung im Coaching darstellt?" fragt er mich gleich zu Beginn des Gespräches.

„Ich glaube schon, vor allem was die Förderung der Ressourcen betrifft. Doch denke ich, dass es auch kritische Stimmen dazu gibt."

„Selbstverständlich gibt es die, da die Salutogenese bislang noch nicht ausreichend wissenschaftlich überprüft worden ist. Dennoch wird der produktive Gehalt, der von Antonovskys Theorie ausgeht, als positiv beurteilt. Zahlreiche andere Forscher haben sich mit ähnlichem Ergebnis ebenfalls diesem Thema gewidmet. Ich denke da an die Widerstandsfähigkeit oder Kraft (hardiness) von Suzanne Kobasa, an die Selbstwirksamkeit (self-efficacy) bzw. Selbstwirksamkeitserwartung (perceived self-efficacy) von Albert Bandura, an die Selbstkompetenz bzw. Selbstermächtigung (empowerment) oder an das Zurechtkommen bzw. an die Bewältigung (coping) von Richard Lazarus. Nicht zu vergessen die Ottawa-Charta der WHO."

Ottawa-Charta der Weltgesundheitsorganisation (WHO):

Die erste Internationale Konferenz zur Gesundheitsförderung hat am 21. November 1986 in Ottawa diese Charta verabschiedet. Sie ruft damit auf zu aktivem Handeln für das Ziel „Gesundheit für alle" ... Gesundheitsförderung zielt auf einen Prozess, allen Menschen ein höheres Maß an Selbstbestimmung über ihre Gesundheit zu ermöglichen und sie damit zur Stärkung ihrer Gesundheit zu befähigen.

„Das ist doch ein erster mutiger Schritt hin zum mündigen Patienten."

„Mündiger Patient – was für ein Paradoxon. Denn was bedeutet Patient? Erleiden, erdulden. Willst du das? Kennst du jemanden der das will? Ich nicht!

Ich verstehe mich als mündiger Mensch mit Ressourcen und Kompetenzen – auch und gerade wenn es um meine Gesundheit geht."
Hans ist leidenschaftlich emotional geworden.

„Der/die kundige Kunde, den wir in den Mittelpunkt des Coachings stellen, findet sich auch hier wieder", antworte ich.

„Von dieser Kundigkeit gehen auch die Perspektiven der Salutogenese im Kontext mit dem Coaching aus. Pass auf." Hans holt ein Blatt Papier aus seiner Tasche und liest vor.

1) **Anthropologische Perspektive**
Verstehbarkeit, Beeinflussbarkeit und Sinn sind drei Grundkategorien der menschlichen Existenz (damit wurde der Kohärenzsinn beschrieben).

2) **Funktionale Perspektive**
Personen mit einem Vertrauen in die Verstehbarkeit, Beeinflussbarkeit und in den Sinn ihres Lebens leiden kürzer und weniger intensiv unter erlebten Traumatas als andere Menschen, die dieses Vertrauen nicht aufbringen können.

3) **Normative Ebene**
Menschen sollen ihr Leben als verstehbar, beeinflussbar und sinnhaft betrachten, dann sind sie den Gefahren der Welt gegenüber besser gewappnet, als wenn ihnen das nicht gelingt.

4) **Kausale Perspektive**
Die Lebensbewältigung gelingt besser, wenn und weil der Mensch diese Perspektive von Verstehen, Beeinflussen und Sinn entwickeln kann.

5) **Zielperspektive**
Coaching und andere Arbeitsmethoden sind gehalten, Interventionen zu entwickeln, die dem Menschen dabei helfen, Verstehbarkeit, Beeinflussbarkeit und Sinn in sein Leben zu bringen.

6) **Qualitätskontrolle**
Wir können uns fragen, ob unsere Interventionen oder generell der gesamte Coaching-Prozess nachhaltig förderliche Entwicklung bei unserem Coaching-Gesprächspartner angeregt haben. Es bietet sich an, dass wir diese drei Kategorien als Prüfgrößen nehmen und uns fragen: Hat der Gesprächspartner auf dem Gebiet der Verstehbarkeit, Beeinflussbarkeit und Sinnhaftigkeit eine Weiterentwicklung durchgemacht von weniger zu mehr (Heinz von Förster: Entwicklung des Möglichkeitssinns).

„Coaching bedeutet demnach, den Kunden bei seiner persönlichen Weiterentwicklung zu unterstützen."

„Ja", bestätigt Hans, „aber nicht als Zwangsbeglückung, sondern indem die vorhandenen Ressourcen wertschätzend gefördert werden. Aus den sechs Grundprinzipien der Salutogenese können wiederum drei Coaching-Kompetenzen abgeleitet werden." Er holt ein weiteres Blatt hervor:

1) **Die Einschätzungskompetenz**
Der Coach entwickelt eine Kompetenz in Richtung Einschätzungsfähigkeit („Diagnose"), um zu erkennen, in welchem Umfang ein/e KlientIn zurzeit eine salutogenetische Orientierung hat.

2) **Interventionskompetenz**
Der Coach versteht es immer besser, es dem/r KlientIn zu ermöglichen, eine bessere salutogenetische Orientierung zu entwickeln.

3) **Generalisierungskompetenz**
Der Coach reflektiert mit seinem/ KlientIn, auf Grund welcher Interventionen, aber natürlich auch auf Grund welcher Änderungen in seinem/ihrem äußeren Lebenskontext es zu einer Verbesserung in Richtung Verstehbarkeit, Beeinflussbarkeit und Sinn kommt.

„Hier möchte ich an unser Gespräch über das „Ich-Original" anschließen", setzt Hans Tomaschek fort, „denn es geht um das Spannungsfeld zwischen „Idealbild" und „Realbild". Das Idealbild ist durch Fremdbestimmtheit geprägt. Wir können uns scheinbar schwer verzeihen, „nur" durchschnittlich zu sein. Genug ist nie genug. Fördern wir allerdings unser Realbild, so kommen wir zum Ich-Original, von dem aus ich unerschrocken „Ja" sagen kann zu mir. Ich kann mich annehmen und gut damit umgehen."

Hans hält inne und scheint in Gedanken versunken zu sein, bevor er fortfährt: „Dazu fällt mir eine Geschichte ein: Die alten Mönche gingen davon aus, dass der Mensch alles in sich Ruhende zunächst annimmt - auch die weniger schönen Wesenszüge gehören dazu. Doch dann stellten sie eine Kerze auf den Tisch und begannen zu meditieren. Sie blickten ins Feuer und fragten sich, welche Sehnsucht steckt eigentlich hinter der Unzufriedenheit mit sich selbst?"

„Das erinnert mich an eine Meditationsübung, die mir der Shaolin-Mönch Shi Xinggui beigebracht hat: Blicke in die Fläche deiner geöffneten linken

Hand und zeichne mit dem rechten Zeigefinger liegende Achter darauf. Stelle dir dazu eine Frage, zum Beispiel nach der Sehnsucht, und im Zustand der Versunkenheit wirst du die Antwort finden."

„Ja, ja, die Mönche wissen schon, wie man gut mit sich umgeht ..."

„Das wären doch schöne Schlussinterventionen für ein Coaching-Gespräch", schlage ich vor.

„Ja, doch zuvor solltest du noch eine Coaching-Stunde erfolgreich leiten, in der du auf die Coaching-Wirkfaktoren zu achten trachtest."

„Welche Coaching-Wirkfaktoren meinst du?"

„Na, was sind denn die Grundlagen des Coaching?

„Diese allgemeinen Grundlagen des Coachings kenne ich, doch bin ich im Zuge meiner Recherchen auf eine Burnout-spezifische Analyse der Situation gestoßen, die mir auch sehr passend erscheint." Jetzt hole ich den Ausdruck einer Internet-Seite hervor, auf der Matthias Burisch zitiert wird:

Shi Xinggui

Mit fünf 5 Jahren wollte er erstmals ins Shaolin-Kloster, um Kampfkunst und Selbstverteidigung zu erlernen. Mit 8 Jahren wurde er in das Shaolinkloster aufgenommen und gewann 1985 seine erste Kung-Fu-Meisterschaft. Zehn Jahre später kam er erstmals nach Europa. Bis 1997 lebte er Mönch im Shaolinkloster, heute lebt er großteils in Goldegg/Salzburg. Er unterrichtet im In- und Ausland Qi Gong, Chan Meditation (Urform des bei uns bekannten Zen), Tai Chi, Kung Fu und Selbstverteidigungstechniken.

Grundlagen des Coaching

- Klärung von Anliegen, Ziel und Auftrag
- Tragfähige Arbeitsbeziehung durch Vertrauen und Rapport
- Ressourcenaktivierung durch eine lösungsorientierte, konjunktivistische Gesprächsführung
- Fachgerechte Anwendung von Interventionsmaßnahmen
- Problembewältigung

Analyse der Rahmenbedingungen

- Welche Umweltbedingungen sind die ausschlaggebenden?
- Welche Bedürfnisse und Ziele des Individuums werden frustriert?
- Welche Fähigkeiten sind unterentwickelt?
- Welche normativen Vorstellungen sind eventuell unrealistisch?

- Welche Glaubenssätze und Denkmuster sind dysfunktional (gestört)?
- Welche Informationen fehlen?
- Wo lässt sich mit dem besten Aufwand-/Nutzen-Verhältnis etwas zum Besseren wenden, ein Stück Autonomie wiedergewinnen?

„Anders als in allgemeinen Coaching-Stunden, trete ich bei Burnout-KundInnen nicht neutral, also nicht gleichgültig dem Thema gegenüber auf, sondern ich habe einen roten Faden, den ich mit meinen Fragen verfolge. Ich übernehme also die Prozesssteuerung ..."

„... doch du lässt dem Kunden seine Themenkompetenz!", fällt mir Hans in den Satz, „vergiss' nicht, es ist seine Art, die Wirklichkeit zu konstruieren, und deine Pflicht, diese voll zu respektieren - doch was die Prozessführung betrifft, übernimmst du die Führung, ganz richtig. Doch vergiss' nicht, jederzeit mit dem Kunden Schritt zu halten."

„Und wenn ich die Analyse der Rahmenbedingungen durch konjunktivistische Fragen abgesteckt habe, würde ich mich in die Tiefe vorwagen", setze ich fort.

„Und wie würdest du das machen?"

„Da gibt es zahlreiche Ansatzpunkte, zum Beispiel die Identifikation von Stressquellen, wobei Ayala M. Pines schreibt, dass es manchen Menschen gelänge, „Verhaltensmuster zu identifizieren, die sich als erfolgreiche Bewältigungsmethoden erwiesen hätten; andere müssten feststellen, dass sie sich auf sehr wenig wirksame Bewältigungsstrategien zu beschränken hätten."

„Und diese Menschen brauchen einen Coach, der ihnen keine guten Ratschläge um die Ohren knallt, sondern sie in der Nutzung ihrer Ressourcen bestärkt."

Hans ist, wie immer, sehr direkt.

„Ein weiterer Ansatz ist es, die KlientInnen zu unterstützen, Grenzen zu setzen und Nein zu sagen."

„Und beim Nein-Sagen möchte ich Swen Max Litzke zitieren“, wirft Hans Tomaschek ein und schlägt die Textpassage aus seinem Buch auf:

Stress, Mobbing und Burnout am Arbeitsplatz

- Das schaffe ich nicht in der Zeit, die wir dafür zur Verfügung haben. Möglich ist das nur, wenn ich im Gegenzug eine weniger wichtige Aufgabe abgeben kann.
- Wir könnten es schaffen, aber nur mit mehr Ressourcen und mehr Zeit.
- Ich weiß nicht, wie wir diesen Termin erfüllen können. Was würde denn passieren, wenn wir erst eine Woche später fertig wären?
- Es ist unwahrscheinlich, dass wir das schaffen. Es ist zwar möglich, aber ich schätze, die Wahrscheinlichkeit liegt unter zehn Prozent.

„Viele Menschen haben das große Problem, alles immer so perfekt machen zu wollen. Ich muss zugeben, dass auch ich dazu tendiere, doch irgendwann ist mir ein Text untergekommen, der dem Brasilianischen Schriftsteller Jorge Luis Borges zugeschrieben wird. Darin schreibt er: „Wenn ich mein Leben noch einmal leben könne, im nächsten Leben, würde ich versuchen, mehr Fehler zu machen. Ich würde nicht so perfekt sein wollen ... Ich war einer dieser klugen Menschen, die jede Minute ihres Lebens fruchtbar verbrachten ... Aber sehen Sie, ich bin 85 Jahre alt und weiß, dass ich bald sterben werde.“

„Den Text kenne ich“, erwiderte Hans.

„Ach, woher denn?“

„Er hängt an deiner Klotür.“

„Ertappt. Früher hing er an meiner Schlafzimmertür. Ich weiß gar nicht, wie oft ich ihn gelesen habe. Angeblich stammt er gar nicht von Borges, doch das ist auch egal.“

„Da hast du Recht, denn es ist nie zu spät ...“

Neutralität

„Die Neutralität bezieht sich dabei sowohl auf die beteiligten bzw. betroffenen Personen als auch auf die ins Auge gefassten Lösungen und auf eine mögliche Veränderung oder Nichtveränderung überhaupt. Diese Neutralität ist ein Zeichen der Professionalität und nicht der Gleichgültigkeit des Coaches.“
Wilhelm Backhausen: Coaching

Systemische Prozessführung

- Führen: Der Coach ist der einzige Experte am Tisch, den Prozess zu führen;
- Schritt halten: Immer in einer respektvollen Nähe der Kundenwelten bleiben

„Den Text kenn' ich auch. So hieß doch ein Schlager von Peter Cornelius."

„Ah, jetzt haben wir deinen wirklichen Musikgeschmack getroffen,."

„Na, gar so schlecht ist der Text nicht, heißt es doch: Nein, es ist nie zu spät, auf diesem neuen Weg lern' ich mich selbst versteh'n. Ich weiß genau, ich muss ihn gehen."

„Ach, du Fan du. Du hast aber Recht, das klingt wie aus einem Selbsterfahrungs-Workshop."

„Und da bist du wiederum der Experte, Hans."

„Genug, machen wir weiter!"

„Wenn du bereit bist, gern. Also, mir sind noch ein paar Punkte aufgefallen. Dazu gehört die soziale Unterstützung. Burnout-KlientInnen neigen dazu, sich aus ihren sozialen Netzwerken zurückzuziehen, dabei hat doch jeder Mensch das Bedürfnis nach Geselligkeit."

„Ein sehr wichtiger Punkt", antwortet Hans, „denn jeder Mensch trachtet danach, seinen Platz in einem sozialen System und darin seine Rolle einzunehmen. Nachdem sich Burnout-Opfer auch aus ihrem Freundes- und Bekanntenkreis zurückgezogen haben – diesen oft auch durch ihr Verhalten verärgert haben – ist es wichtig, wieder einen Schritt auf die wichtigen Menschen der Gemeinschaft zuzugehen, die auch ein wichtiges Regulativ darstellt. Beim Finden der richtigen Strategie kann Coaching sehr hilfreich sein."

„Genau. Und die Ausgewogenheit zwischen Arbeits"zeit" und Frei"zeit" sollte gegeben sein, wozu es eines guten Zeitmanagements bedarf."

„Aus meiner beruflichen Praxis weiß ich, dass Burnout-KundInnen ihre Zeit gerne besser einteilen würden, wenn sie könnten. Es fällt ihnen immens schwer, ihre Aufgaben nach Wichtigkeit und Dringlichkeit zu ordnen. Coaching kann beim systematischen und disziplinierten Planen der Zeit behilflich sein, indem es die KundInnen unterstützt, Prioritäten zu setzen. Die Ergebnisse einer Stunde zu diesem Thema können den Ablauf einer ganzen Arbeitswoche hilfreich unterstützen."

„Du sagst es. Mir scheint dabei wichtig zu sein, dass die Ergebnisse schriftlich festgehalten werden, denn was man angreifen kann, verliert das Abstrakte, wird konkreter und somit auch realistischer."

„Ja, aber das Schreiben sollte der Coach dem Kunden überlassen. Denn dieser/diese kommt ja, um an seinem/ihrem Zeitplan zu arbeiten."

„Außerdem verfestigt sich das, was man macht, auch besser. Also reden, zuhören, niederschreiben und dann auch tun."

Umdeutung (Reframing)
Einen geschilderten Sachverhalt in einen anderen Rahmen stellen, um zu normalisieren, das Problem zu externalisieren und losgelöst von der Person lösungsorientiert zu bearbeiten.

Externalisieren II
Während der Coach versucht, ein Problem zu objektivieren oder zu „personifizieren" verselbständigt sich das Problem und löst sich vom Menschen oder der Beziehung, die als Problem beschrieben wurde, ab. Dadurch wird das Problem als weniger belastend oder einschränkend erlebt. Das Problem ist das Problem und nicht die Person oder die Beziehung.

„Das klingt doch so wie ein Zitat, das Konrad Lorenz zugeschrieben wird. Du kennst es sicher ..."

„Du meinst bestimmt: *Gesagt ist nicht gehört. Gehört ist nicht verstanden. Verstanden ist nicht einverstanden. Einverstanden ist nicht behalten. Behalten ist nicht angewandt. Angewandt ist nicht beibehalten.*"

„Das meine ich. Da steckt sehr viel Weisheit drin."

„Ja, ja, doch sprich, was für weise Gedanken sind dir noch eingefallen."

„Ich bin der Meinung, dass Burnout-Opfer wieder lernen sollten, positiv zu denken. Was ist das Gute auch am Schlechten? Dazu bedarf es positiver Umdeutungen, die unbedingt in den Werkzeugkasten eines Coaches gehören."

„Ohja, das ist sehr wichtig. KundInnen haben die ungeheure Fähigkeit, sich in ihre Probleme tiefer und tiefer zu vergraben. Dabei werden sie immer problemzentrierter. Coaching kann wohltuende Unterschiede schaffen indem sie Lösungen ans Tageslicht bringt und das Problem durch Externalisieren von der Person trennt. "

„Das ist in der Praxis oft schwerer als man glaubt." Ich erinnere mich an zahlreiche Coaching-Stunden, in denen meine KlientInnen immer und immer wieder mit „ja, aber" auf meine Versuche umzudeuten geantwortet haben.

Als ich Hans davon erzähle, antwortet er: „Das ist doch gar nicht so schwer. Durch Verständnis erzeugst du Rapport: Ich verstehe, dass das bei Ihnen gar nicht geht. Durch Komplimente kommst du näher: Kompliment, wie Sie das unter diesen schwierigen Bedingungen ausgehalten haben. Und durch angemessene Verstörung schaffst du Unterschiede: Wie ist es Ihnen eigentlich gelungen, so tief in das Problem vorzudringen? Eine solche Frage spricht direkt die Ressourcen an. Da macht es klick, und es kann wieder lösungsorientiert gearbeitet werden."

„Wenn ich es recht überdenke, dann erscheint mir positives Denken gar nicht mehr so passend", antworte ich nach einer kurzen Nachdenkpause.

„Warum denn das?"

„Weil positives Denken als die Beeinflussung des Bewusstseins und des Unterbewusstseins durch Autosuggestion definiert wird, doch eigentlich geht es beim Coaching darum, die Ressourcen und Fähigkeiten der Klienten zu fördern. Sie müssen sich nichts einreden, sondern erkennen, dass sie alles in sich haben, was sie zur Problemlösung benötigen."

„Ja, die Kunden sind die Kundigen."

„Einen Punkt habe ich noch – und der schließt an das an, was du vorhin als einen der Wirkfaktoren genannt hast."

„Und der wäre ...?"

„Ziele setzen – Coaching hilft, realistische Ziele zu setzen."

„Wieder ins Schwarze getroffen. Nachdem wir uns meist selbst den größten Druck machen, sind wir es auch, die mit unrealistischen Zielen Stressoren darstellen. Unser „Ich-Ideal" treibt uns an, und wenn wir nicht in der Lage sind zu reflektieren, verrennen wir uns in Schlachten, die wir nie und nimmer gewinnen können."

„Mir fällt dazu die Fabel vom Hasen und dem Igel ein ..."

„Ja, der Igel lässt den Hasen laufen, bis dieser einfach nicht mehr kann und zusammenbricht. Das muss aber nicht sein, wenn wir uns unserer Grenzen bewusst sind. Das ist kein Zeichen der Schwäche, sondern eine unglaublich hilfreiche Fähigkeit, die uns hilft, glücklicher zu leben und uns besser anzunehmen."

„Ja, die Selbstliebe ist etwas, die mir spontan noch einfällt."

„Wie oft sagen oder denken wir im Ärger: Hab' mich gern! Und wie selten haben wir uns gern? So richtig gern, so zum Abbusseln gern. Auch dabei kann Coaching sehr hilfreich sein."

„Beim Abbusseln ...?"

„Kommt ganz auf die Kundin an. Nein, Spaß beiseite, es geht schon auch darum, mit dem Kunden nachzudenken, was gut, was stark, was liebenswert an ihm oder an ihr ist. Sich selbst annehmen lernen, ist eine wichtige Basis fürs Coaching und natürlich auch in der Psychotherapie. Sich so annehmen, wie man ist. Denn es gibt kein anderes Ich."

„Richtig, und mein Ich sagt mir jetzt, dass es Zeit fürs Mittagessen ist. Lass uns jetzt eine Pause machen und am Nachmittag über einen ganz großen Punkt im Coaching am Rande des Burnout sprechen: über die Prophylaxe."

„Mahlzeit!"

Der Hase und der Igel

nach den Gebrüdern Grimm

An einem schönen Sonntagmorgen traf der Igel den Hasen und grüßte freundlich. Der Hase tat sehr vornehm und fragte von oben herab: „Was machst denn du da so früh am Morgen?" - „Ich gehe spazieren", antwortete der Igel.

„Spazieren?", lachte der Hase. „Mit so kurzen Beinen?" „Meinst du, deine Beine sind besser?", fragte der Igel ärgerlich. „Ja, das glaube ich!", erwiderte der Hase. Da bot der Igel an: „Wir können es ja versuchen. Ich wette mit dir um ein Goldstück und eine Flasche Wein, dass ich schneller laufen kann als du!"

„Die Wette gilt", rief der Hase. „Wann geht es los? „In einer halben Stunde", sagte der Igel. „Ich will nur noch frühstücken." Der Igel lief zu seiner Frau nach Hause: „Komm schnell, ich will mit dem Hasen um die Wette laufen." „Hast du den Verstand verloren?" rief die Igelfrau, doch ihr Mann antwortete: „Hör gut zu: Der Hase läuft in der einen Ackerfurche und ich in der anderen. Du wirst an einem Ende stehen. Und wenn der Hase ankommt, rufst du: Ich bin schon da!"

Die beiden gingen zum Acker und der Igel zeigte seiner Frau ihren Platz. Am anderen Ende wartete schon der Hase, der rief: „Kann es losgehen?" „Ja!" Eins, zwei, drei - und schon rannte der Hase den Acker hinunter. Als er am anderen Ende ankam, rief die Igelfrau: „Ich bin schon da!" Der Hase glaubte zu träumen und merkte den Schwindel nicht, denn die Igelfrau sah genauso aus wie ihr Mann. „Revanche!" schrie er und er rannte so schnell er konnte zurück. Oben stand schon der Igel und rief: „Ich bin schon da!" Der Hase schrie „Noch mal!" und rannte los. Aber wieder stand die Igelfrau unten und rief: „Ich bin schon da!"

So lief der Hase dreiundsiebzig Mal hin und zurück, doch stets war der Igel schon vor ihm da. Beim vierundsiebzigsten Mal fiel der Hase um und blieb tot liegen. Der Igel aber nahm das Goldstück und die Flasche Wein und ging mit seiner Frau nach Hause. Und wenn sie nicht gestorben sind, dann leben sie noch heute.

XV.

Gestärkt sitzen wir nach dem Mittagessen wieder beisammen. Hans hat Präsentationsvorlagen eines Vortrages aus seiner Tasche geholt.

„Es sollte doch gar nicht sein, dass wir mit Burnout-Opfern arbeiten", beginnt Hans, „denn wenn Menschen ein wenig besser auf sich achten würden, verstünden sie, das Vorbeugen besser als Bohren ist. Nicht erst auf den Zusammenbruch warten, sondern rechtzeitig Coaching-Stunden nehmen und die Themen frühzeitig abarbeiten.

„Leichter gesagt, als getan. Wann gehst du zum Arzt? Prophylaktisch oder wenn es irgendwo sticht."

„Du triffst meinen wunden Punkt, auf dem auch meine Frau immer herumreitet. Ja, theoretisch weiß ich, dass ich aufpassen sollte ..."

Vorbeugen
- Ich-Stärkung (Originalstärkung)
- Grenzen ... (Tagespensum)
- Korrektive (Partner, Gruppe, Freunde, Team)

Prophylaxe
Griechisch προφύλαξις, „Schutz", „Vorbeugung", von altgriechisch προφύλαξ, „Vorposten", „Wächter". Maßnahmen zur Vorbeugung von Krankheiten. Synonym: Prävention (lateinisch praevenire: „zuvorkommen", „verhüten").

„Noch dazu in deinem Alter." Ich kann's nicht lassen, diese Antwort war aufgelegt.

„Werd einmal so alt wie ich, du Jungspund, dann reden wir weiter."

„Wenn du dich vorsiehst, dann könntest du dann noch ganz rüstig sein."

„Depp, du."

„Komm, sag, was hat es mit der Prophylaxe weiter auf sich?"

„Nun, viele Menschen laufen einer Karriere nach, von der sie sich Anerkennung erwarten. Wer sie sich nicht holt, der wird sie nur schwer bekommen. Erwachsene Menschen haben auch die Verpflichtung, sich etwas zu holen. Hol-Schuld verstehe ich in dem Sinn, sich selbst gegenüber verantwortlich zu sein, es sich selbst schuldig zu sein.

In unserer Gesellschaft fühlen sich allerdings so viele Menschen der Bring-Schuld verpflichtet. Das, dies und jenes ist noch zu leisten, damit es ein wenig Anerkennung gibt. Die eigene Hol-Schuld wird vernachlässigt."

„Hol-Schuld klingt so unbescheiden ..."

„Ja, genau das wurde uns auch eingetrichtert. Dabei ist es das Selbstverständlichste der Welt. Wer Hunger hat, holt sich Essen, wer durstig ist, der trinkt. Emotionen und Bedürfnisse sind wie Quellen, die vom Berg in einen Stausee fließen. Zur fließenden Bedarfsdeckung gehört es, dass die Schleusen des Stausees regelmäßig geöffnet werden, ansonsten wird der Gefühlsdruck zu groß, die Staumauer droht zu bersten. Beim Burnout wurde die Schleuse zu lange nicht geöffnet, zu viele Bedürfnisse haben sich aufgestaut. Wenn die Staumauer bricht, wird das Tal überschwemmt."

„Meinst du, dass die Hol-Schuld den Menschen verpflichtet, die Schleusen zu öffnen?"

"Genau das meine ich. Coaching ist dabei die ideale Probebühne, um die Schleusen zu öffnen und im geschützten Rahmen zu experimentieren. Was kränkt? Was wird nicht verstanden? Was wünsche ich mir? Was brauche ich? Was hole ich mir? Worauf habe ich ein Anrecht ... Wenn es keinen Raum für solche Emotionen gibt, werden Menschen gezwungen, die Schleusen in ihren Privatzeiten ungeschützt zu öffnen. Dabei kommt es oft zu explosionsartigen Entladungen. Die Folgen können Depressionen, Aggressionen, Selbstzerstörung, psychosomatische Erkrankungen usw. sein."

Eisbergprinzip

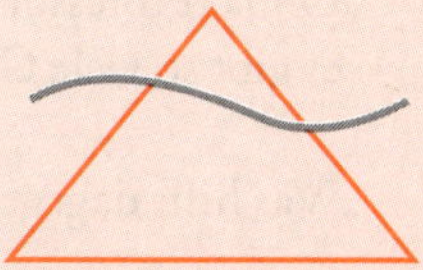

Wegen der im Vergleich zum umgebenden Wasser nur wenig geringeren Dichte des Eises ragt nur etwa ein Neuntel des Volumens eines Eisberges über die Wasseroberfläche.

„Das erinnert mich an die Bücher über die Informationssicherheit, die ich geschrieben habe. Darin habe ich das Eisbergprinzip als Metapher verwendet."

„Der Eisberg ist eine sehr schöne Metapher für die vor- und unbewusste Welt. In der Psychoanalyse werden dabei unerklärbare Phänomene wie der

Wiederholungszwang aufgearbeitet, ähnliche Stresssituationen in der Kindheit. Es kommt zu Wiederholungen solcher Situationen, solcher Erlebnisse. Die kindliche Omnipotenz ist eine Phantasie, die so manchen Manager treibt, die Not der Führungskräfte in unserer Zeit ist oft sehr groß. Die kindliche Omnipotenz treibt sie dazu, alles allein schaffen zu müssen, niemanden zu brauchen, nichts delegieren zu können, alles perfekt machen zu müssen, sich keine Fehler zu erlauben. Die Kontrolle darf nicht verloren werden, Schwächen dürfen nicht gezeigt werden. Also beißt man sich durch, auch wenn es noch so schwer fällt."

Mir wird unbehaglich.

„Kein Wunder, dass da die eigenen Bedürfnisse auf der Strecke bleiben."

„Kein Wunder. Die persönliche Realität muss verleugnet werden, bis man – bis ich verbrenne."

„Das engt unglaublich ein, das nimmt mich gefangen."

„Oh ja, Professor Ringel hat gesagt: Verdrängtes ist nicht befreit. Glaub mir, es gibt so viele Gefangene ihres Selbst."

„Was hilft dagegen?"

„Erwachsen werden. Nicht nur als Kind auf Situationen reagieren müssen und ohnmächtig dem Wiederholungszwang erliegen, sondern mit der entsprechenden Erwachsenenabwehr reagieren können."

„Und dabei kann Coaching unterstützen?"

„Selbstverständlich neben einer dann und wann notwendigen psychotherapeutischen Begleitung. Coaching kann KundInnen unterstützen, an alten Mustern, Glaubenssätzen und Überzeugungen zu arbeiten und diese zu hinterfragen."

„Das klingt sehr überzeugend. Da fühle ich mich gleich wohler."

„Es geht dabei auch um das subjektive Wohlbefinden, um die gesundheitsfördernde Wirkung."

„Womit wir wieder bei der Salutogenese angekommen sind."

„Eine sehr vernünftige und logisch klingende Grundhaltung, wie mir scheint."

„Eine sehr wichtige Haltung im Coaching. Denn zum einen gibt sie Halt in dieser Welt. Zum anderen sagt sie „Halt" zu Dingen, die unseren Kunden gefährlich werden könnten."

„Eine sehr verantwortungsvolle Aufgabe."

„Das ist es, aber auch eine sehr wichtige. Es gibt so viele Coaches von Gottes Gnaden, die darin eine moderne Geschäftsidee sehen. Sollen sie, denn jene Coaches, die bestehen werden, sind die, welche ihre Arbeit mit Respekt, Demut und Wertschätzung ausüben. Denn es geht immer um die Würde, die KundInnen im Burnout zurückerobern wollen. Und um die menschliche Seele ..."

„... die so schmal wie eine Rasierklinge ist."

XVI.

Seit ich mich mit Burnout beschäftige, habe ich fünf ausgebrannte KundInnen. Harald habe ich bisher sieben Stunden begleitet. Er hat sich körperlich erholt, ist mental viel stärker geworden, hat sein Familienleben in Ordnung gebracht und mit seiner Frau zahlreiche offene Gespräche geführt, und er hat seine Ziele – privat und beruflich – realistisch gesteckt. Seine Psychotherapie hilft ihm, die kindlichen Wiederholungszwänge zu vermeiden und sein Erwachsenen-Original zu stärken.

Dies hat zur Folge, dass er sein altes Studium endgültig an den Nagel hängen will – er muss und will seinem Vater nichts mehr beweisen. Dafür hat er sich für einen Universitätslehrgang für Werbung und Verkauf angemeldet. Diese Ausbildung kann er für seinen Beruf nutzen, außerdem hat ihn das Thema schon immer fasziniert. Aus dem Sabbat-Jahr wird nichts, da in der Betriebsordnung nur ein halbes Jahr vorgesehen ist. Harald hat allerdings einen Deal ausgehandelt: drei Monate bezahlte Auszeit zum Erholen, danach eine 30-Stunden-Verpflichtung für die fünf Semester Ausbildungszeit, damit der durch die Dreifachbelastung – Beruf, Ausbildung und Familie – nicht wieder in die Burnout-Falle tappt.

Das Telekommunikationsunternehmen schätzt ihn als wertvollen Mitarbeiter und hat ihm das in einem offenen Beurteilungsgespräch, um das er gebeten hatte, auch mitgeteilt. Das hat ihm neue Kraft gegeben und ihn in seinem Beruf wieder Sinn finden lassen. Wir haben vereinbart, uns nur noch einmal monatlich zu Coaching-Sitzungen zu treffen, um die aktuellen Anliegen und Ziele durchzuarbeiten. Harald hat gelernt, wieder stolz auf sich zu sein und seinen Ressourcen zu vertrauen.

Ob er mir dankbar ist? Vielleicht. Mir ist eigentlich viel wichtiger, dass ich ihm dankbar bin. Das klingt jetzt so altruistisch, dabei meine ich es ganz egoistisch. Ohne Harald hätte ich mich wahrscheinlich nie oder nicht so bald in die Burnout-Thematik eingearbeitet.

Und was ist aus Jürgen geworden? Der hat gelernt, die Ruhe zu genießen und Druck raus zu lassen. Nicht, um mir eine Freude zu machen, sondern, um Platz für seine persönlichen Fähigkeiten zu finden. Den Kampf gegen die jungen KollegInnen hätte er schneller als zu befürchten war verloren, doch seitdem er sich auf seine Ressourcen, auf seine Erfahrungen und auf seine

Kompetenz verlässt, ist es ihm gelungen, sein Arbeitsgebiet im Unternehmen neu zu definieren, auch zur Zufriedenheit des Managements. Er ist ins Backoffice getreten, wo er den jungen KollegInnen als Mentor zur Seite steht und aufgrund seiner Berufspraxis so manches Hindernis aus dem Weg räumen kann. Außerdem hat er mit dem Betriebsrat ein gleitendes Auslaufmodell für seine Pension entwickelt, bei dem er mehr Zeit für sich hat und nicht mehr in aller Herrgottsfrühe ins Fitnesscenter laufen muss, um den Tag mit körperlichem Stress zu beginnen.

Sissy habe ich als Klientin verloren. Sie sagte mir zuletzt, dass sie kein Coaching, sondern körperliche Betätigung benötigte. Im Internet habe sie ein Pilates-Studio gefunden, das eine entsprechende, vom Arbeitsmarktservice geförderte Ausbildung anbieten würde. Als ehemalige Tänzerin wäre das ihre Erfüllung. Sie besteht weiterhin darauf, mir das Geld für die drei bisherigen Coaching-Stunden zu bezahlen, sobald sie es sich leisten könnte. Also warte ich auf ihren Anruf oder auf den Eingang auf meinem Geschäftskonto.

Zwei neue Klientinnen sind dazu gekommen. Regina ist Managerin in einem internationalen Software-Konzern, die einer mehrjährigen Ausbildung in ihrer Freizeit auch noch als Gemeinderätin tätig ist. Ich habe das Gefühl, dass sie damit einer gescheiterten Beziehung entgehen will, doch sind solche subjektiven Vorurteile für einen Coach ein Grund, ein Aspirin zu schlucken und an ganz etwas anderes zu denken.

Und Eva ist Anästhesistin, die unglaubliche 36-Stunden-Dienste in einem Guss schiebt – ich möchte keine Operation in der 34. Stunde bei ihr haben, auch wenn sie mir versichert, dass nicht die Operationen das Problem wären, sondern die Leerstunden dazwischen. Ihr Mann hat sie verlassen, Kinder hat sie keine, die Freunde ziehen sich immer mehr zurück, sie ist gereizt, macht Fehler, die in ihrem Beruf für sie und ihre PatientInnen verheerende Folgen nach sich ziehen könnten. Sie hat das Gefühl, vom Alltag erschlagen zu werden. Als seine ehemalige Studienkollegin hat mein Freund, der Betriebsarzt des Telekommunikationsunternehmens, auch sie an mich vermittelt. So schließt sich der Kreis. Und so zeigt es sich, wie vielfältig, wie inhomogen und gleichzeitig wie signifikant Burnout ist.

Inzwischen habe ich auch ein Netzwerk mit PsychotherapeutInnen aufgebaut, mit denen ich mich inhaltlich austausche. Hans Tomaschek ist nicht nur mein Lehrer, sondern auch mein Mentor, dem ich nicht nur sehr viel

Know-how, sondern auch die Anregung zu diesem Buch zu verdanken habe. Wenn ich es heute lese, so ist es für mich ungewöhnlich, weil es nicht nur viel praktisches Wissen in eine biografische Geschichte verpackt, sondern auch Anwendungsfälle aufzeigt, die ganz alltäglich und gleichzeitig eine immer wieder neue Herausforderung für einen Coach darstellen.

Hans hat mir das Selbstvertrauen mitgegeben, mich am Rande des Burnout zu bewegen und gleichzeitig die Grenzen – nicht nur die rechtlichen, sondern auch die seelenhygienischen – zu verlassen. Natürlich sind die Abgrenzungen schwierig, und Hans hat die Grenze nicht grundlos mit der Gratwanderung auf einer Rasierklinge verglichen.

Sind Sie Burnout gefährdet?

Vielleicht haben Sie beim Lesen des Buches das eine oder andere Mal darüber nachgedacht, in welchem Stadium des Burnout-Zyklus Sie sich befinden könnten. Deshalb haben Sie jetzt die Gelegenheit, zwei Tests durchzuführen.

Natürlich könnten Sie „schummeln", doch dann würden Sie sich selbst etwas vormachen. Deshalb schlagen wir vor, die nachfolgenden Fragen ganz spontan, so wie es Ihnen in den Sinn kommt, zu beantworten.

Gleich vorweg genommen, die Ergebnisse sind eine Momentaufnahme Ihres gegenwärtigen Zustandes, die eine Orientierungshilfe, aber sicherlich keine Diagnose bieten kann. Dazu empfehlen wir ein Gespräch mit einem/r erfahrenen ExpertIn.

Sind Sie bereit?

Test 1: enneagon-Balancetest (Selbsteinschätzung)

Burnout entsteht aus dem Zusammenwirken verschiedener Komponenten des täglichen Lebens und kann nicht auf Teilbereiche reduziert werden.

Überlegen Sie, auf welche Stufe in den einzelnen Segmenten Sie sich positionieren würden. Stufe 1 ist sehr schlecht und Stufe 10 ist bestens.

Kreuzen Sie die zur jeweiligen Dimension gehörigen Skalen an der entsprechenden Stelle zwischen 1 und 10 an und füllen Sie die Balken aus.

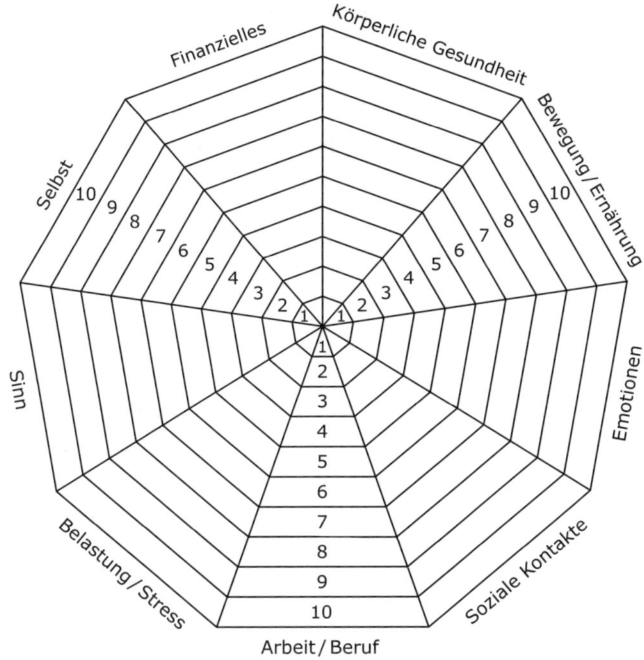

www.enneagon.at

Überlegen Sie sich jetzt, auf welchen Stufen Sie das Gefühl hätten, dass es Ihnen gut geht, dass Sie zufrieden mit der Situation sind. Markieren Sie diesen Wert in den einzelnen Segmenten jeweils mit einem weiteren dicken Strich.

Jetzt können Sie den subjektiven Ist-Zustand mit dem definierten Soll-Zustand vergleichen.

Wo decken sich Ihre Befindlichkeiten?

Wo geht es Ihnen sogar besser und wo gibt es Defizite, die Sie ausgleichen wollen, damit Sie wieder in Balance sind?

Wenn es Defizite gibt, wäre es gut, darüber mit einem/r Burnout-ExpertIn zu sprechen.

Test 2: Arbeitsbezogene Gefühle und Gedanken

Welche Gefühle und Gedanken hatten Sie im vergangenen Monat überwiegend im Zusammenhang mit Ihrer Arbeit? Wenn eine der folgenden 15 Aussagen zutrifft, kreuzen Sie bitte „Ja" an, wenn nicht, dann „Nein".

1. Es fällt mir schwer, am Morgen in die Arbeit zu gehen.
   ❍ Ja ❍ Nein

2. Ich bin zunehmend anfällig für körperliche Erkrankungen und/oder habe Schmerzen.
   ❍ Ja ❍ Nein

3. In letzter Zeit bin ich schnell gereizt.
   ❍ Ja ❍ Nein

4. Entspannung fällt mir schwer.
   ❍ Ja ❍ Nein

5. Kontakte mit Mitmenschen (KundInnen, KollegInnen, Freunde ...) sind mir in letzter Zeit sehr anstrengend geworden.
   ❍ Ja ❍ Nein

6. Ich habe die Freude an meiner Arbeit verloren.
   ❍ Ja ❍ Nein

7. Emotional fühle ich mich erschöpft.
   ❍ Ja ❍ Nein

8. Verglichen mit früher fällt es mir heute schwer, mich zu konzentrieren.
   ❍ Ja ❍ Nein

9. Körperlich fühle ich mich matt und ausgelaugt.
   ❍ Ja ❍ Nein

10. Ich zweifle an der Sinnhaftigkeit meiner Arbeit.
    ❍ Ja ❍ Nein

11. Ich habe das Gefühl, dass ich meinen Aufgaben nicht mehr gewachsen bin.

❍ Ja ❍ Nein

12. Verglichen mit früher mache ich heute mehr Fehler.

❍ Ja ❍ Nein

13. Klare Entscheidungen zu treffen, fällt mir derzeit schwer.

❍ Ja ❍ Nein

14. Ich schlafe schlecht und wache oft auf.

❍ Ja ❍ Nein

15. Am liebsten würde ich alles hinwerfen, um meine Ruhe zu haben.

❍ Ja ❍ Nein

Auswertung:

Der Fragebogen ist in drei Bereiche unterteilt.

Tragen Sie zunächst die Anzahl der Ja-Antworten pro Bereich ein.

Emotionaler Bereich / Fragen 3, 5, 6, 7, 15

Anzahl der Ja-Antworten: ....

Körperlicher Bereich / Fragen 1, 2, 4, 9, 14

Anzahl der Ja-Antworten: ....

Mentaler Bereich / Fragen 8, 10, 11, 12, 13

Anzahl der Ja-Antworten: ....

Zu welchem Ergebnis kommen Sie?

Kein bis 1 Ja:	Es ist alles in Ordnung, Sie sind nicht Burnout gefährdet.
2 Ja:	Es gibt erste Warnsignale, die Sie ernst nehmen sollten.
3 bis 5 Ja:	Sie sollten dringend etwas unternehmen. Wenden Sie sich an eine/n Burnout-ExpertIn (Coach).

Literaturverzeichnis

Salutogenese: Zur Entmystifizierung der Gesundheit
von Aaron Antonovsky und Alexa Franke (Taschenbuch - 1997)

Burn-out bei Frauen: Über das Gefühl des Ausgebranntseins
von Herbert Freudenberger und Gail North (Taschenbuch - 1. Juni 1994)

Reframing. Ein ökologischer Ansatz in der Psychotherapie (NLP)
von Richard Bandler und John Grinder (Taschenbuch - 1. Januar 2005)

Ganz im Gegenteil: Tetralemmaarbeit und andere Grundformen Systemischer Strukturaufstellungen - für Querdenker und solche, die es werden wollen
von Insa Sparrer und Matthias Varga von Kibéd (Broschiert - 9. Februar 2009)

Streß. Bewältigung und Lebensgewinn.
von Hans Selye (Broschiert - November 1994)

Internationale Klassifikation psychischer Störungen. ICD-10 Kapitel V (F). Diagnostische Kriterien für Forschung und Praxis
von Weltgesundheitsorganisation und Horst Dilling et al. (Hrsg.) (Broschiert - 30. Juli 2008)

Das Spiel mit Unterschieden. Wie therapeutische Lösungen lösen
von Steve DeShazer (Broschiert - April 2006)

Stressfood: Mit Ernährung und Stressmanagement aus der Burnout-Falle
von Ingrid Kiefer und Wolfgang Lalouschek (Broschiert - 1. März 2009)

Trauma: Folgen erkennen, überwinden und an ihnen wachsen
von Luise Reddemann, Cornelia Dehner-Rau, und Anne Bleick (Broschiert - 24. Oktober 2007)

Die Wahrheit über Burnout: Stress am Arbeitsplatz und was Sie dagegen tun können
von Christina Maslach, Michael P. Leiter, und Barbara Lidauer (Taschenbuch - 17. Mai 2001)

Meisterklasse

Burnout Prävention, Beratung & Intervention

Aufbaulehrgang für BeraterInnen und Coaches

Aufbau:

Basismodul:
3 Fortbildungstage / 22 Einheiten
1 Supervisionstag

Intensivmodul:
6 Fortbildungstage / 44 Einheiten
1 Supervisionstag
Schriftliche Fallstudie

Inhalte:

Basismodul:

- Coaching am Rande des Burnout – gewerberechtliche Rahmenbedingungen
- Vom Ideal-Selbst zum Original-Selbst
- Umgang mit der eigenen Burnout-Landkarte
- Wenn die Seele krank wird – Grenzen und Möglichkeiten von Coaching aus psychotherapeutischer Sicht
- Glaubenssätze, Werte und deren Veränderungspotenzial

- Einführung in die Stress- und Burnoutdiagnostik / Medizinische Dimensionen
- Neurologische Auswirkungen von Stress und Burnout (Gehirnregionen, Hormone, Neurotransmitter ...)
- Wenn der Körper krank wird: Grenzen und Möglichkeit von Coaching aus medizinischer Sicht / Umgang mit Depressionen
- Coachingmethoden in der Praxis – Chancen, Grenzen, Möglichkeiten

- Betriebswirtschaftliche und volkswirtschaftliche Auswirkungen und Kennzahlen
- Entwicklung von Burnout-Präventionsprogrammen
- Früherkennung und Interventionsmöglichkeiten
  Der Mensch in der Autogenese: Eigenverantwortliche Lebens- und Selbstgestaltung

Intensivmodul:
- Begleitung im Berufsalltag und Burnout-Prävention durch Führungskräfte
- Saluto- und Pathogenese: Zwei Lösungsansätze im Vergleich Vertiefung der Stress- und Burnoutdiagnostik
- Multidisziplinäre Burnout-Behandlung im Überblick: Medizin, Psychotherapie, Coaching

- Burnout-Auswirkungen auf Projektmanagement und Organisationsentwicklung Körper-, Atem- und Mentalübungen
- Burnout-Coaching in der Praxis: Fallbeispiel

- Stärkung des mentalen Potenzials
- Die Burnout-Problematik aus betrieblicher, politischer und rechtlicher Sicht I

- Umsetzung eines Stresspräventions- und Gesundheitsmanagement-Programms in die Praxis
- Coaching-Praxisübungen
- Seelenhygiene für Coaches
- Krisenintervention

Supervisionstage:
Dienen der Reflexion, dem Erfahrungsaustausch und der Psychohygiene als BeraterIn sowie zum Einüben und Festigen der Lehrinhalte.

Voraussetzungen:
Entsprechendes Grundwissen ist Voraussetzung, sei es durch eine medizinische, psychologische oder psychotherapeutische Ausbildung, durch die Ausbildung zum/zur Lebens- oder SozialberaterIn, Coach, MediatorIn oder SupervisorIn.
Erfahrungen aus der projektbezogenen Unternehmensberatung werden ebenso angerechnet wie eine pädagogische Ausbildung oder andere Aus- und Weiterbildungen auf einschlägigem gesundheitlichen/sozialen Gebiet.

Ihr beruflicher Lebenslauf sowie die Qualifikationsnachweise werden von der Lehrgangsleitung geprüft, die sich bei Fragen direkt an Sie wendet.

Diese Fortbildung wird von den Lebens- und Sozialberatern anerkannt.

Lehrbeauftragte

Thomas J. Nagy, MSc
Unternehmensberater, Systemischer Coach, Fachliche Lehrgangsleitung

Univ.-Prof. Dr. Wolfgang Lalouschek, MSc
Neurologe, Biologe, Systemischer Coach

Mag. Silvia Pillhofer
Psychotherapeutin, Systemischer Coach

Tamara Brandl-Woresch
Tänzerin und Pilates-Trainerin

Dr. Bardia Monshi
Klinischer Psychologe und Arbeitspsychologe

Herbert Pichler
Leiter Chancen-Nutzen-Büro, Systemischer Coach

DDr. Elisabeth Pohl
Betriebswirtin, Dipl. Burnout- und Stress-Präventionsberaterin

Ein Lehrgang der MeisterKlasse in Kooperation mit dem WIFI Wien / Unternehmensberatung

Informationen und Anmeldungen:

MeisterKlasse
Biragogasse 18
3400 Klosterneuburg

Telefon: 02243 / 28 311
office@meisterklasse.at
www.meisterklasse.at

Unternehmensberatung WIFI Wien
Währinger Gürtel 97, 1180 Wien

Tel.: +43 (1) 476 77 -5355
Fax: +43 (1) 476 77 -5359
unternehmensberatung@wifiwien.at
www.wifiwien.at/ub